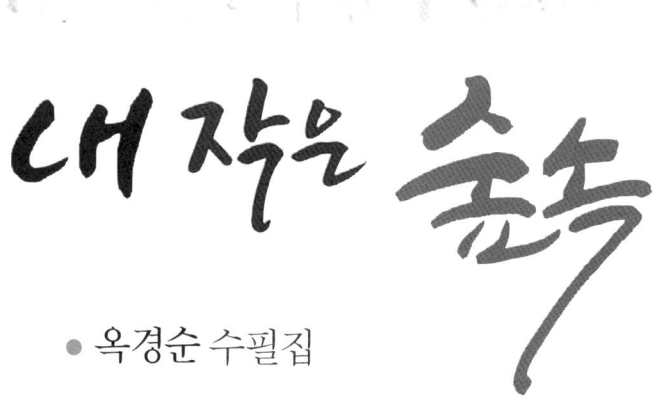

내 작은 숲속

● 옥경순 수필집

이른 봄 곳곳에서 조용히 움직이고 있는 봄의 향연이 시작된다
앙상하던 나무들 끝을 자세히 살펴보면 잎이 움터 오르고
메마른 땅 위로 봄의 서곡은 시작된다
상수리 나무 고목 사이사이 진달래가 봉오리를 피우고 있다

내 작은 숲속

수필집을 내면서

소금통, 저 너머에는 무엇이 있을까?
보이지 않지만 바다가 있을 수 있고 마을도 있을 수 있지요.
그 '너머'에는 산처럼 높은 것으로 가려져 있어서 보이지 않는 저쪽을 말해요.
그 산 너머에는 내 작은 글들이 고향처럼 살아 숨쉬고 있어요.

2025년 늦가을 어느날에

옥 경 순

수필집을 내면서 · 7

제1부

나는 씨를 뿌리고 그녀는 거두었다 ·············· 12
단상 ·· 17
사랑 ·· 19
법정의 말씀을 듣고 ······································· 21
정명균 친구에게 ·· 23
명곡 감상 ·· 25
성모님께 드리는 기도 ··································· 30
어머니 ··· 33
어느 한 사람, 자전적 수필을 읽고 ·············· 37
딱지치기 ··· 41

제2부

46 ······································· 내 작은 숲속
48 ······································· 청년시절
53 ······································· 고난 극복 스토리
58 ······································· 사랑하는 딸 젬마에게
63 ······································· 큰아들 시몬에게
68 ······································· 둘째아들 마르코 보아라
73 ······································· 사랑하는 막내 요한아 보아라
77 ······································· 손녀 아가다에게
81 ······································· 매듭이 풀리면서
85 ······································· 아침의 단상

작품평설/ 가족, 그리고 배움의 소중한 미학 _ 김재엽 · 183

제3부

내 이름으로 삼행시 짓기 …………………… 88
나의 소중한 부모님 …………………………… 89
한국방송통신대학교 학생이 되어 …………… 93
나의 어린 시절 ………………………………… 97
나의 청년기 …………………………………… 101
결혼 ……………………………………………… 106
자연적인 것과 인위적 감동 ………………… 110
행복 ……………………………………………… 114
남편에게 ………………………………………… 117
여름 휴가 ……………………………………… 122

제4부

130 …………………………………… 엄마 마중
133 …………………………… 독후감 '칼의 노래'
140 …………………………………… 그는 왜 그랬을까?
151 …………………………………………… 터널
156 …………………………………… 먹거나 말거나
162 …………………………………… 영정 사진
166 …………………………… 책 속에서 길을 찾다
171 …………………………………… 그리운 이름
175 …………………………………………… 이 여자

내 작은 숲속

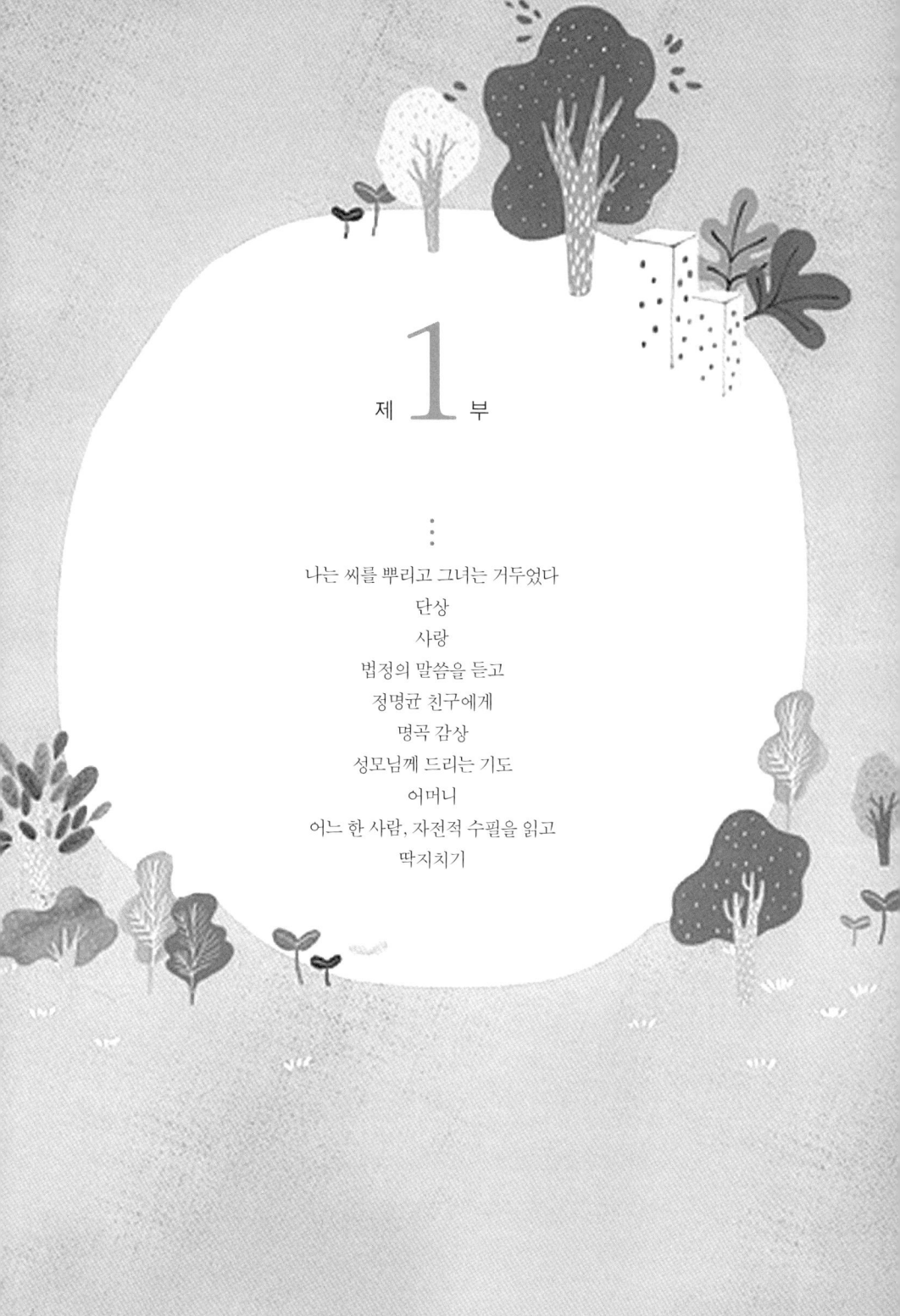

제 1 부

나는 씨를 뿌리고 그녀는 거두었다
단상
사랑
법정의 말씀을 듣고
정명균 친구에게
명곡 감상
성모님께 드리는 기도
어머니
어느 한 사람, 자전적 수필을 읽고
딱지치기

나는 씨를 뿌리고 그녀는 거두었다

아침을 먹으려고 밥상을 차리는 중인데 아파트 현관문을 두드리는 사람이 있었다. 나는 아무 생각 없이 문을 열었다. 70대쯤 되어 보이는 할머니가 나를 보더니 놀란다. 내가 놀라야 하는데 문을 두드려 놓고 왜 놀라는지 의아해서 물었더니 전에 살던 사람이 아니어서 놀랐단다.

그분은 '지금 심한 우울증에 걸렸는데 먼저 살던 집주인이 우울증에 걸렸다가 나았다'는 소식을 듣고 어떻게 나았는지 알고 싶어 찾아왔다고 한다.

나는 상담사라도 된 듯 "지금 상태가 어떠신지요?" 하고 물었다.

"하루 종일 있어도 찾아오는 사람 하나 없고 의욕이 나지 않아 여러 날 굶었더니 이제는 죽고 싶은 마음뿐이어서 어떻게 이 상황을 극복할지 도무지 생각조차 들지 않는다"는 것이다.

나는 주저 없이 집 안으로 들어오게 하고 식탁의 제일 좋은 자리에 앉게 했다.

"마침 아침을 먹으려는 참에 친구가 생겨 다행입니다. 찬은 없지만 우리 함께 식사해요" 했더니 극구 사양하며 나가려 한다.

이상하게도 꼭 나의 보물이 도망가는 것 같은 느낌이었다. 나는 그녀의 두 손을 꼭 잡고 다정하게 앉으라고 다시 권했다. 같은 아파트에 살고, 그녀는 10층 나는 6층이었다. 그리고 그는 70대 나는 80대.

"우리는 이웃사촌이네요."

정겹게 말을 붙여가며 우리는 식사를 했다. 밥을 소복이 담고 국은 따뜻하게 데워서 조촐한 아침을 먹으며 이런저런 얘기를 나누었다.

"남편이 10년 전에 돌아가셨는데 너무 외롭다. 자식이 네 명 있지만 자기들 살기 바쁘다고 잘 찾아오지 않고 있다. 과일 장사를 해서 집도 사고 모두 대학을 공부시켰다"고 말을 하는데 얼굴을 보니 눈의 초점이 흐리고 얼굴은 부어 있었다.

그런데 놀랍게도 안 먹겠다던 밥을 어느 사이 다 비웠다. 그리고 흡족한 표정이었다.

그때 나는 도와주고 싶은 마음이 생겨났다.

"네 이웃을 내 몸과 같이 사랑하라"는 성경 말씀이 나의 생각 속에서 현실 세계로 살아나오려고 꿈틀거리기 시작했다. 그리하여 나는 실천해 보기로 마음먹었다.

밥을 맛있게 먹고 난 그에게 "이제부터 매일 아침 8시 우리 집에서 밥 먹기"라고 말했다. 덧붙여 "나도 손녀가 학교 가고 난 뒤 혼자 밥 먹고 있으니 우리 밥 친구 하자"고 했더니, 그녀는 고개를 끄덕이고 돌아갔다.

그런데 다음날 아침 8시에 그녀는 오지 않았다. 미리 아파트 호수를 적어놓았던 집을 찾아갔다. 미안해서 못가겠다는 그녀를 내 집으로 데리고 와서 함께 이틀째 밥을 먹었다.

그녀는 배우지 못했으나 기억력이 좋고 영리하여 한 번 들으면 잊어버리지 않았다.

"사랑도 해 봤고, 이별도 해 봤지. 사는 것 별거 없더라. 언제 갈지 모르는 인생, 우리 둘이서 웃으며 살아가 보자."

노인정에서 배웠다는 '보약 같은 친구' 노래를 끝까지 읊을 때 그녀에게서 이제껏 볼 수 없었던 반짝이는 지혜가 보였다.

그 뒤 그녀는 3주 동안 매일 빠짐없이 우리 집에 왔다.

우리는 조금씩 친해져서 많은 이야기를 나누었다. 나는 거의 들어주는 편이어서 그녀는 자기의 생각과 경험담을 마음껏 들려주었다.

찬은 변변찮아도 우리 집에서 먹는 밥이 꿀맛 같다며 해맑게 웃었다.

사흘째 되는 날 나는 한 가지 제안을 했다. 매일 오전 천변을 걸을 것과 날마다 조금씩 더 걷자고 했다.

우리는 매일 아침 둘이서 충실히 걸었다. 햇빛을 보면서 운동을 했더니 그녀 얼굴에 붓기가 빠지고 차츰 생기가 돌았다. 약속도 잘 지켰다. 내가 외출을 하게 될 때는 밥을 싸 주었다.

2주가 되니 질질 끌던 걸음걸이도 반듯반듯해졌다. 얼굴에는 미소가 번져갔다. 나는 너무나 기뻤다. 나도 그녀와 생활 속에서 활력을 찾고 있었다. 주는 것이 기쁨임을 실감하고 있었다.

나의 조그만 손길에서 한 사람의 마음에 생기가 돋아나고 있음을 똑똑히 보았다.

　그녀는 영리했고 내가 하는 일을 예사로 보지 않았다. 빨래 삶을 때 계란 껍질을 넣는 것을 보고 놀라고, 책을 가까이 하는 것을 보고 많은 것을 배운다고 하였다. 나는 그녀와 함께하기를 잘 했다는 생각에 기뻤다.

　3주가 지나자 설거지도 도와주고 쓰레기도 버려주면서 도움을 주려고 노력을 하였다. 그리고 혼자 살아갈 자신이 생겼다고 한다.

　21일째 우리는 깊이 포옹하고 헤어졌다.

　며칠 후 그녀는 나를 자신의 집에 초대했다. 진수성찬으로 보답해 주었고 음식 솜씨도 훌륭했다. 나는 씨를 뿌리고 그녀는 거두었다. 우리는 김장도 함께하고 행복한 이웃이 되어가고 있었다.

　'땅과 태양과 동물들을 사랑하라. 필요로 하는 모든 이에게 자선을 베풀어라. 제정신이 아닌 이에게 맞서라. 사람들에게는 참고 너그럽게 대하라.'

　월트 휘트먼의 시를 다시 읊어본다.

단상 斷想

쪽빛 하늘, 새파란 수평선 저 너머에는 무엇이 있을까?
멀리 바라다보이는 부산 영도섬.
내 젊은 시절 꿈들이 아직도 그곳에 머물고 있을까.
지금 신발 벗고 걸어보는 금모래 바닷길.
반짝이는 모래가 발가락 사이로 나를 간지럽힌다.
끝자락 맞닿는 곳 해운대 동백섬.
우연히 오게 된 이곳.
호텔 로비를 지나 찻집 포근한 자리에 가장 사랑하는 동생과 포근한 의자에 앉아 바다를 바라보면서 흑임자 차를 마신다.
방금 걸어온 바다 풍경이 그림처럼 펼쳐진다.
세월을 넘어선 하얀 머리 소녀가 최고의 기분이 된다.
초록으로 반짝이는 싱그러운 동백 잎새들, 감탄이 절로 나오는 잘 다듬은 산책로를 지나 누리마루 APEC 하우스, 제2차 세계정상회담 장소에 잠시 머무른다.
둥근 탁자 중앙 태극무늬 바닥에 서서 한복을 입은 세계정상들의 사진을 바라본다.
　순간 우리나라 위상에 가슴 뿌듯해진다.
　저 멀리 오륙도가 보인다.
　집 앞에서 언제나 바라보며 꿈을 키우던 그곳.
　아득한 옛날, 뾰족구두 신고 출근하며 바라본 그 섬.
　정겨운 그 섬이 지금 이곳에서 멀리 바라다보인다.
　한 바퀴 돌아 다시 바다로 향하며 신발을 벗는다.
　금모래 밟으며 걷는 이 길에서 내 마음은 소녀처럼 들뜬다.
　구름 한 점, 바람 한 점 없는 코발트색 짙은 가을하늘 아래 겁 없이 걸어다니는 갈매기들.
　가슴 활짝 열리는 이곳을 언제 다시 걸어보려나.

사랑

사람은 사랑이 필요한 존재다. 사랑은 사람을 안정시킨다. 사람은 사랑을 받을 때 가장 행복하다.

사랑은 사람을 편안하게 해 준다. 자신도 평안하고 다른 사람도 평안하게 한다.

사랑은 사람을 당당하게 한다. 사랑 있는 당당함은 겸손에 이른다. 사랑은 받은 사람의 인격이며 인격의 완성이다. 좋은 성품은 사랑의 열매다. 사람을 부드럽게 하고 여유로움이 생기게 한다.

사랑 있는 능력, 없는 능력이 있다.

사랑을 겸할 때 능력은 비로소 꽃이 핀다.

사랑은 그 사람의 능력을 망가뜨리지 않고 온전히 드러난다. 사랑이 있으면 자신에게 있는 능력으로 다른 사람을 긍휼히 여기고 다른 사람을 도와준다.

사랑이 사람을 살게 한다. 사랑이 있는 사람은 사람을 살린다. 자신도 살고 다른 사람도 살린다.

사랑은 치료약이다. 성경은 사랑이 없으면 아무 유익이 없다고 단언한다.

   사랑은 사람 안에서 만들어지지 않는다.

   사랑은 받는 것이다. 타고 나는 것이 아니다.

   사랑이 없으면 사람이 피곤하고 고단하다. 허무하다. 허전하다. 메마른 인생을 살아야 한다.

   사랑은 받아야 한다. 그러기 위해서는 사랑이 무엇인지 알아야 한다. 대표적인 것으로 교훈과 훈계다.

   교훈과 훈계와 징계는 사람이 행한다.

   순종이 사랑이라고 힘줘 강조하지만 순종이 사랑임을 알기까지는 오랜 시간이 걸린다.

   하느님께서 세상을 이처럼 사랑하시어 독생성자를 주셨으니 이는 믿는 이마다 멸망하지 않고 영생을 얻게 하심이다.

   나아가 하느님 자체가 사랑이다.

   성경은, 하느님은 사랑이시라고 분명히 말한다.

- 어느 강론 말씀을 듣고 필사한 내용

법정의 말씀을 듣고

　인간은 없어도 좋을 것은 버린다.
　적게 쓰고, 맑고 향기롭게, 새롭게 정리정돈하면서 거처에 대한 집착, 과거에 집착, 미래에 집착을 버리지 못한다.
　정신으로 살아야 한다. 버림으로써 새로워진다.
　용단, 지금 필요치 않으니 버린다. 말과 행동 하나 책임감 생각 느낌 경험을 가까운 친구에게 이야기하듯 써야 한다.
　작가들의 일상을 읽고 현장에 가면 더 싱싱해지고, 체취와 기후를 느끼면 친숙해지고, 영혼세계까지 들여다볼 수 있다.
　한 가지라도 실천해야 의미가 있다. 단순하게 쓸 것인가?
　화두, 인지상정은 사람이면 누구나 가지는 보통의 마음, 누구나 자연스럽게 느끼는 감정의 사자성어다.
　지금까지 살아온 것은 행운이다. 항상 주어지지 않는다.
　인생은 한시적이다. 영원 지속이 아니고 한때다. 그것이 소중하다. 자기정화는 맑고 투명한 세척으로 자기 삶을 바라보는 것이 기도다.

남을 돕자.(또 다른 나를) 해치지 마라.

속 내면을 들여다보라. 새 인생, 순간순간을 맞이하는가? 한정된 시간을 어떻게 써야 하나.

밝은 쪽인가. 무한정이 아니다. 노소가 따로 없다.

마지막처럼 살아라. 순간순간이 소중하다.

내일은 없다. 늘 지금이다. 하루가 새롭다.

밝고 특이하게 살아라.

정명균 친구에게

　80줄에 들어선 친구가 코로나 백신 후유증으로 진통제 신세를 지고 있다는데, 친구를 생각하니 마음이 아프구나. 삼시세끼 밥을 먹고 외출할 수 있어도 점점 쇠잔해 가는 우리 연령층인데 진통제로 통증을 완화시켜야 한다니 얼마나 고통스럽고 용기가 나지 않겠느냐? 그럴수록 힘을 내거라.
　맑은 하늘 햇볕 쨍쨍한 날. 힘을 내서 수시로 일광욕과 스틱을 짚고 천천히 걸었으면 한다.
　그리고 조석을 끊지 말고, 그대로 사그러들어서는 안 된다.
　언젠가 우리 동기들 모두 함께 만나봐야 하지 않겠느냐. 만나서 얼굴을 본다는 사실은 참 행복한 일이야.
　어린 시절 우리는 잘 몰랐다.
　각자 주어진 다른 삶과 친하지 않은 남녀유별이다. 그러나 시골마을 한 교정에서 같은 스승 아래 공부했다는 사실 하나로도 얼마나 값진 공간이었나. 탱자나무 울타리, 반대쪽 울타리엔 구기자나무가 있고, 벚꽃은 찬란하고, 플라타너스 우거진 나무그늘, 어린 시절 교정을 생각하면 인생의 초반기 어린 시절, 시골 정서로 아름답게 각인이 되어 있구나.

우리는 남녀공학. 시골학교 한 반이 얼마나 소중한 일인가.

6년을 올라가 함께 졸업한다.

지금 우리는 카톡으로 11명이 아직도 소식 전할 수 있으니 얼마나 멋진 일인가.

아무쪼록 건강 회복하고 밝은 모습으로 만나는 날 오기를 고대해 본다, 안녕히.

명곡 감상

나는 소녀 시절부터 음악을 좋아했다.

카치니의 아베마리아를 들으면 마음 깊숙한 곳까지 파고 들어가는 성모님의 아베마리아만 부른다.

음률에 맞추어 영혼의 숲을 거니는 듯 사무쳐 오른다.

CHRIS BOTTI의 트럼펫 연주는 깊은 협곡을 지나는 듯한 음률을 들려준다.

쇼팽의 즉흥환상곡 멜로디와 가사가 너무나 아름답다.

아늑한 좁은 길을 걸어가노라.
그대 생각에 잠기며 걸어가노라.
차가운 밤하늘에 눈물 머금고
파란 들이여, 너도 서러워 우는구나.
잊을 길 없는 그대의 모습
아~ 아 아, 밤이면 피어나는 하얀 박꽃
그리며 이 길 나 홀로 걸어가노라.

음악의 시인답게 쇼팽은 작곡과 작사도 너무나 아름답다.
아침에 들으면 기분이 좋아지는 노래, 공부할 때 듣기 좋은 팝송 '플레이스트.'

Wessun Dorma
공주는 잠 못 이루고, 루치아노 파바로티가 노래한다.
또 영화 'Out of Africa' 의 배경 음악이다.
모짜르트 올라이넷 협주곡 '바람처럼 지나간 사랑'.
광활한 아프리카의 대자연, 개성이 강한 야망이 큰 남자가 한 곳에 정착하지 못하는 방황적 사랑과 안주하고 싶은 여자의 이별의 슬픈 사연이 인간 삶의 다양성을 보여주는 사랑을 노래한다. 클라리넷의 모차르트 협주곡으로 들려준다.

내 마음의 노래
박인수 노래의 나는 아무 말도 하지 않았는데 의미 깊은 인생의 아픔을 노래한다.

   바람에 흔들리는 나무는
   처음부터 아무 말도 하지 않았는데
   비바람 떠날 때에도 잎새 떨리는 아픔을 말하지
   않았는데, 내 서 있는 자리에 다가온 사람은
   내가 그대였는데
   이제 비바람 보내고 홀로 선 나무는 아픔을
   견뎌낸 내 모습인가.
   나는 아무 말도 하지 않았는데 그대는 왔다 떠나네.
   한 줄기 그리움은 남자다운 사람을
   후회하지 않지만 그대였는데,
   이제 비바람 보내고 홀로 선 나무는
   아픔을 견뎌내는 내 모습인가.
   나는 아무 말도 하지 않았는데 그대는 왔다 떠나네.

쿼렌시아(Qurencia)

스페인 투우장, 한쪽에는 투우사와 싸우다 지친 소가 숨을 고르며 힘을 모으는 장소가 있다.

기운을 되찾아 계속 싸우기 위해서다.

그 자리를 스페인어로 쿼렌시아라고 부른다.

그곳은 회복의 장소다.

세상의 위험으로부터 자신이 안전하다고 느끼는 곳

힘들고 지쳤을 때 기운을 얻는 곳

본연의 자기 자신에 가장 가까워지는 곳

산양이나 순록이 두려움 없이 풀을 뜯는 곳, 비밀 장소다.

독수리가 마음 놓고 둥지를 트는 거처

곤충이 비를 피하는 나뭇잎 뒷면

땅 두더지가 숨는 곳이 모두 그곳이다.

내 마음속의 쿼렌시아가 바로 나의 유토피아라고 생각하면 가벼워지는 마음이 된다.

명곡 감상

　이런 다양한 음악들을 접하게 된 것은 초등 동창생이 상당한 수준의 음악을 즐기고 있어서다.
　그 친구가 자기가 듣고 나에게 카톡을 통해 보내준다.
　그 덕분에 많은 종류의 명곡들을 감상하게 된다.
　음악을 통해 우리나라 명곡뿐 아니라 세계적으로 유명한 곡들을 감상할 시간들이 생겼다.
　영화음악, 팝송, 유명인들의 노래 소리를 들으며 감성이 풍성해지고, 나도 미디어를 통해 알게 되는 것을 서로 교환하며 감상한다. 긍정적으로 받아들일 때 무에서 유가 형성되는 일들이 생기니 80 중반을 넘기면서도 마음이 풍요로워진다.

성모님께 드리는 기도

맑은 하늘 오월은 성모님의 달입니다.

하늘의 모후이시며 인자하신 어머니, 찬미 받으소서.

그동안 저희들은 모두 성당 마당에 모여서 얼굴 마주보며 함께 기쁜 마음으로 한 달 동안 어머님께 기도드렸습니다.

저희들의 정성스러운 이 기도를 하느님께 빌어주소서.

5월은 하늘이 푸르고 온 세상이 꽃으로 만발하여 장미향기가 가득한 봄의 교향곡이 울려퍼지고 있습니다.

성모님 어머님께 기도드리는 이 마음도 기쁨에 겨워 덩실덩실 춤을 추고 싶습니다.

그러나 우리의 일상은 나약하고 시시때때로 변하여 하루를 살아가면서 무수히 많은 죄를 짓고 괴로워합니다.

자식들 걱정, 직장에서 정년퇴직을 앞둔 가장들의 불안함.

직장을 구하지 못하는 아들딸들의 고민, 결혼 못하는 젊은이들, 병중에 허덕이는 병자들, 점점 쇠잔해 가는 노인들은 허무하게 죽지 않을까 불안한 마음. 이렇게 저희들은 수많은 괴로운 마음에 갇

성모님께 드리는 기도

혀서 하느님을 모시지 못하고 불안에 떨며 살아가는 나약한 인간들이옵니다.

앞길이 캄캄하고 의지할 곳을 찾지 못하며 세상마귀의 유혹에 끌려 고민하면서 허우적거립니다.

견딜 수 없는 지경에 이르러서야 마침내 어머님 손길을 구하며 애타게 당신을 찾는 볼품없고 죄 많은 우리들을 굽어보소서.

그러나 예수님 십자가 고통을 바라봅니다. 아무런 죄가 없으신 예수님께서 우리 죄인들을 위하여 십자상에서 무참히 돌아가신 예수님을 바라봅니다.

예수님을 품에 안으신 성모님의 피에타 상을 바라봅니다.

어느 고통도 비할 바 없는 처참한 예수님을 품에 앉으신 성모님의 눈물 흘리는 그 모습을 바라봅니다.

오! 거룩하신 어머님, 온 세상의 고통이 어머니 고통만 하겠습니까? 이 불쌍한 저희들은 슬픈 어머니의 깊은 뜻을 헤아릴 길이 없습니다.

이제 정신을 바로 세우고 어머님의 인고의 아픔을 생각하면서 똑바로 살아가려고 결심합니다. 저희들은 당신의 사랑 안에서 많은 포용과 사랑을 듬뿍 받고 살아가면서도 이를 알아차리지 못하는 불쌍한 영혼들을 용서하소서.

잠시 지나갈 이 세상 고통들을 성모님께 봉헌하면서 살아가려고 결심합니다.

성령을 가득히 입으신 천상의 어머니시여, 저희들의 부족한 행실들을 용서하소서.

그리고 이 크신 사랑, 많은 은혜에 감사드리옵니다.

원죄 없이 잉태되신 어머니시여, 당신께 매달리는 저희들을 위하여 빌어주소서. 아멘.

어머니

아침 햇살처럼 떠오르는 사람이 있다.

나를 낳아주시고 길러 주시며 넘어질세라 잘못될까 지켜주시던 나의 어머니, 잊을 수 없는 그 모습이 오늘 따라 몹시도 그리워진다. 어린 시절 산골에 파묻혀 부모님께 순종하시며 성장해 오신 어머니, 이웃 총각들이 탐을 낼 만큼 어여쁘신 어머니.

그 어머님께 딱 한 번 오랜 기억이 있다.

초등학교 보릿고개 시절, 몹시도 배고파 하며 학교에 다녀온 나는 솥에서 김이 모락모락 나는 것을 고구마 삶겠지, 하는 기대감으로 솥뚜껑을 열어보니 빨래를 삶고 있었다.

나는 짜증을 내고 먹을 것을 주지 않는 어머니가 얄미워 투정을 부렸는데 그때 어머니는 부지깽이로 나를 때리셨다. 배고픈 자녀를 위로하지 않고 왜 때렸을까? 살아 계시다면 물어볼 텐데…, 그때는 마구 울었다. 배고픔의 서러움을 어떻게 표현하랴.

어머니께서는 장사를 할 때도 있었다. 그 당시 집집마다 명주 무명 등을 직접 짜서 옷감을 만들었다. 십리길도 멀다하지 않고 천을 주문 받아 빨강, 노랑, 검은색 등등 물을 들였다.

그 기술을 어디서 배우셨나? 할머니도 잘하셔서 시골 윗동네는 어머니 장사영역, 면단위 아래구역은 할머니 일터로 두 분은 사이좋게 구역을 잘 지키셨다.

어머니는 주로 곡식을 구해 오시고 할머니는 해산물을 구해 오셨다. 여름철 우뭇가사리(해초)를 삶아 묵을 만들어 콩국물에 썰어 넣어 먹던 그 맛은 어디다 비교할 수 없는 일품 요리였고, 할머니가 주시는 별미였다.

논밭이 없던 우리 집은 시골생활이 참담했다.

가을이면 추수하는 이웃들은 곳간에 먹을 것이 가득 채워졌지만 우리는 모두 돈 주고 사서 생활했다. 나무도 사서 때고, 그래도 물 하나만은 사지 않아도 됐다.

우물에서 물이 퐁퐁 솟아나고 냇물은 철철 흘러내려 빨랫감은 냇가에 가서 시원하게 빨랫감을 방망이로 두들겨 가며 깨끗이 빨았다.

어머니

  검은 치마 흰 저고리가 단골인 어머니 옷은 어디를 가나 눈에 띄었다. 어렸던 우리는 어머니 마중을 갔다.
  신작로가 잘 보이는 언덕에 올라 저 멀리 점같이 움직이는 것이 보이면 혹시 어머니신가 눈을 비비며 쳐다본다.
  차츰 물체가 가까워지면 분명 검은 치마와 흰 저고리였다.
  "야~ 엄마다."
  기대에 차서 동생들과 함께 방방 뛰며 좋아했다. 그러나 가까이 온 사람은 우리 엄마가 아니었다. 엄마보다 더 늙으셨고 우락부락하게 보였다.
  눈이 빠지게 기다리는 동안 해는 꼴깍 넘어가 버렸다.
  우리 셋은 "엄마!" 하고 부르며 울었다.
  언니인 내가 울면 동생들도 따라 울었다. 큰 목소리로 "엄마ㅡ" 하고 목청껏 울었다. 마치 개구리가 합창하듯 서럽게 울었다. 한참을 밖에 서 있었더니 늦가을 날씨가 너무 추워 집으로 들어가는데 우리 새끼들 엄마다.

귀에 익은 다정한 음성, 반갑고 기분 좋은 울엄마의 소중함이 마음 속 깊이 박혔다.

 밤이면 아기는 엄마 품에, 우리는 엄마 뒤에 꼭 붙어서 향긋한 엄마 냄새를 맡으며 행복한 잠에 빠진다.

 지금도 어려움이 닥쳐오면 바로 곁에 계시는 듯하다.

 그리고 참 아름다우시고, 마음이 넓으시며 그런 엄마의 사랑은 영원히 나에게 힘이 되어주시는 거룩하신 분이시다.

어느 한 사람, 자전적 수필을 읽고

　인생이란 예측하기 어렵다. 누구나 평탄하고 잘 다듬어진 길을 걷고 싶어한다. 수많은 사람들이 희·로·애·락을 겪으며 삶을 살아간다. 때론 좌절하고 인생을 포기하는 사람도 있는 반면 자신에게 닥쳐오는 갖가지 아픔을 교훈으로 삼으며 유종의 미를 맺는 경우가 더 많다. 그러기에 톱니바퀴가 맞물려 돌아가듯이 이 세상은 잘 돌아가는 것일 것이다.
　여기 남정이 씨의 '물 한 바가지'란 책을 읽고 수많은 역경을 내 것으로 받아들이고 있는 내용을 읽었다.
　어린 시절 그토록 배움을 갈망하고 친구들 사이에서도 두드러지게 학구열이 강했지만 환경의 지배를 받아들이고 꿈을 접는다.
　집안일을 도우며 성장한 그녀는 결혼을 했다.
　그럴듯한 약국을 경영한다는 서울 총각, 그러나 그것은 거짓말이었으며 직업도 없었고 남편에게는 다른 여인이 있었다.
　그래서인지 남편은 술로 살아왔고 가족을 돌보지 않았다.
　그뿐이랴. 힘들게 마련한 조그만 전셋집마저 가져갔다.

아기를 출산하고 먹을 것 없는 최악의 상태에서 이웃들이 따스한 진심으로 절에 가서 밥을 얻어다 주었고 그 밥을 끓여서 아이들에게 먹였다. 이것이야말로 인정 많은 이웃사촌이었다.

가장 큰 설움으로 배고픔만한 것이 또 있을까?

어느 날 삼각지로 남편을 믿고 이삿짐을 싣고 가보니 집은 없었다. 남의 집 처마밑에 짐을 풀고 마루에서 잠을 자기도 했다. 정신을 차리고 아이들을 먹여 살리려고 용산으로, 미나리 깡으로 나섰다. 미나리 깡은 얼마 후 철거하기 시작해서 구로동과 백사마을 등등을 전전하며 배추와 열무 등을 이고 장사를 했다.

과일장사는 남편이 리어카를 팔아버려서 그 장사는 접었다. 등에는 아기를 업고, 달랑무는 머리에 이고 야채를 팔러 다녔다.

화장품 외판, 곰식당 요리기술, 한약재 썰기 등 닥치는 대로 무엇이든지 열심히 해서 악착같이 돈을 벌고 네 자녀를 키워나갔다.

남편은 술에 취해 가족을 돌볼 수가 없었다.

그러나 욕을 하거나 때리지 않았고, 남과 싸우지도 않았다.

친정어머니는 늘 말씀하셨다. 이 서방은 밉지만 애비 없는 자식 만들지 마라, 어린 것들 눈빛을 봐라, 하시며 용기를 주셨다.

자식들을 곱게 잘 기르면 후일 화려한 꽃을 피울 수 있으리라는 희망을 갖고 자신과의 약속은 헛되지 않았다. 남편 54회 생일잔치는 친척들이 챙겨주었고, 결혼 37년 만에 강화도 여행을 갔었다.

회갑 7일을 앞두고 문경새재를 넘어 고향 가는 차 안에서 우리는 웃고 또 웃었다. 이제야 마음이 하나 된 것인가.

남편은 그 길을 마지막으로 세상을 떠났다.

그 후 많은 것이 이루어졌다. 아이들은 그런 와중에 모두 잘 자라서 자신들의 몫을 잘해 냈다. 그 후 하는 일마다 축복 받는 일만 생겨서 자신과의 약속이 헛되지 않았다.

본인은 악착같은 생활의 결과로 만학의 길도 최고학부까지 당당하게 해냈다.

지금도 서예, 게이트볼 등등으로 보람찬 노후생활을 보내고 있다. 그의 인생철학은 그런 남편을 미워하지 않고 언제나 받아들였기 때문에 복을 받은 것이라고 담담하게 말해 주고 있다.
 내가 그런 처지였다면 어떻게 대처했을까?
 그런 남편을 내치지 않고 받아들일 수 있었을까?
 머리에 이고 등에 업었다면 푹 고꾸라졌을 것이다.
 안일하게 지내온 나 자신이 부끄러울 뿐이다.
 오뚝이처럼 자꾸만 일어나서 역경을 이겨낸 그녀의 용기 있는 삶에 박수를 보낸다.

딱지치기

바람 한 점 없는 더운 여름
따끔한 더위가 쉬어가지를 못하네.
저만치 서있다면 더위를 향해
물을 확 끼얹어 줄까?
오, 햇빛 너 아름답다는 노랫말이 쏙 들어가 버린다.

이른 아침 밀려오는 더위를 뚫고
들려오는 딱지치기 소년들의 기합소리,
얍! 딱
판이 벌어진다
우— 하고 아이들이 둘러선다
이만큼 신나는 것이 또 있으랴.

힘껏 내리쳐야
발라당 뒤집힌다.

요령껏 쳐야 한다.
아무리 힘껏 내리꽂아도
미련하면
땅바닥에 헤딩이다.

더위는 상관없다.
이 멋진 너와 나의 힘겨루기
많이 따야 한다. 오로지 그 하나
여름 하늘 아래 홍시마냥
빨갛게 익어가는 예쁜 얼굴들
땀으로 미역을 감아도 좋다

모두들 물렀거라
땅거미 질 때까지
얍! 딱.

딱지치기

넘어갔다. 그것 하나쯤이야
아파트 창문 아래
놀이터 바닥에서 들리는 함성

시간 가는 줄 모르고 나는
요즘 보기 드문 아이들 기합소리에
매료되어 계속 내려다본다.

해가 서산으로 넘어갈 차비를 하면
딱지부대가 사라진다.
저 멀리 능선 사이로 해는 넘어가고
들뜬 내 마음도
조용히 가라앉는다.
힘찬 소리, 다음으로 기약하고
붉게 물들어가는 저녁노을이 아름답다.

내 작은 숲속

제 2부

내 작은 숲속
청년시절
고난 극복 스토리
사랑하는 딸 젬마에게
큰아들 시몬에게
둘째아들 마르코 보아라
사랑하는 막내 요한아 보아라
손녀 아가다에게
매듭이 풀리면서
아침의 단상

내 작은 숲속

아파트 베란다에 화초를 기른다.
고무나무, 박하, 선인장, 사랑초, 벤자민, 이름 모를 꽃들
얻어 오고, 버려진 것을 주워 오고
있던 것은 흙갈이하여 번식시키고

누가 봐도 자랑할 만한
품종은 보이지 않네
물주고 깻묵 얻어다 키운다
그래도 저들이 잘 커주어
내 작은 숲속을 보는 듯하다

사람이 모두 저마다 다르듯이
꽃을 피우는 것, 무성하게 자라서 옹기 위에 올려놓아도
아래로 자꾸 늘어뜨리는 줄기의 아름다움
비틀거리며 시들어 가는 모양새

내 작은 숲속

그들은 제 각기 또렷하다

제 힘에 못 이겨 넘어지는 선인장
일으켜 세우니 번창해진다
넓은 잎을 자랑하는 고무나무
가뭄에 강렬한 태양을 받으며 키는 커간다

나는 마냥 줄어드는데
너희들은 커가는구나

때마다 저들은 뽐내며 각자 다름을 합창한다
거실에 노니는 금붕어 헤엄치는 고운 모습들
구피도 밥 달라고 따라서 아우성이다

나는 이들 속에서 아름다운 인생의 노래를 부른다.

청년시절

 아직 성숙되지 않은 상태로는 스스로 일어설 수가 없었다.
 그렇다고 좌절하고 가만히 있을 수 없다. 배우고 싶은 마음이 하늘같은데 동생들은 주렁주렁, 중학교와 초등학교에 모두 다니고 있고, 유치원생도 있었다. 어쨌거나 고등학교 문이라도 두드려 보고 싶었다.
 2월 중순이 되고 있었다. 봄을 재촉하는 비가 주룩주룩 내렸다.
 아버지 점퍼를 머리까지 뒤집어쓰고 다섯 정류장을 걸어서 평소 생각해 두었던 여상고를 찾아갔다.
 부산 영도에 위치한 왕비산 중턱, 운동장이 무척 넓은 학교였다.
 아무도 없는 운동장을 지나 일자형으로 서 있는 학교 건물로 올라가 중간부분에서 교무실이라는 팻말을 보고 안으로 들어갔다.
 선생님들이 서류를 잔뜩 쌓아놓고 바쁘게 일하고 계셨다.
 불청객 같은 내가 문을 열자 시선이 쏠린다. 위엄이 넘치는 선생님 앞으로 갔다.
 "안녕하세요? 저는 이 학교에 들어오고 싶어서 찾아왔습니다. 입학원서를 사고 싶습니다" 하고, 말씀을 드렸다. 그분은 교감선생님이셨다.

"아, 그랬구나. 그런데 어쩌지. 우리 학교는 입학시험이 모두 끝나고 곧 입학식이 있단다. 내년에 원서를 내고 시험을 쳐 보아라."

그렇게 친절하게 말씀해 주셨다.

벌써 끝나버렸다니, 나의 간절한 바람이 끝나버렸다.

실망으로 다리에 힘이 쑥 빠져 버렸다.

나는 말했다.

"중학교 졸업하고 1년 쉬었어요. 시골에서 얼마 전에 이사를 와서 시험날짜도 몰랐어요. 이제 다 지나갔으니 어찌하면 좋겠어요?"

그리고 교무실 바닥에 퍼질러 앉아서 엉엉 울었다. 선생님들은 딱한 듯이 쳐다보기만 했다. 한참 후 교감선생님은 나를 일으켜 세우시며 물으셨다.

"그렇게 공부를 하고 싶으냐?"

"예, 저는 공부를 열심히 해서 가난한 우리 집을 일으켜 세우고 싶습니다."

나는 큰 소리로 대답하였다.

선생님은 결단을 내리신 듯 "내일 어머니 모시고 오너라" 하셨다.

나의 마음은 뛸 듯이 기뻤다. 간절히 바라면 이루어진다고 했던가.

'두드려라. 문은 열릴 것이다.'

이런 말들에 실감이 났다.

이 얼마나 가슴 벅찬 기쁨의 순간인가! 하지만 아홉 가족을 부양하느라 허리가 휘시는 부모님을 생각하면 기쁨도 잠시 나의 결정이 형편에 맞지 않아서 또 좌절되었다.

어머니는 자식을 위하는 마음이 한결같으셨다.

다음날 함께 학교로 가셨다. 교감선생님은 말씀하셨다.

"아이가 그토록 갈망하는데 외면할 수 없어 불가능을 가능성으로 바꾸었습니다. 입학금을 5개월로 나누어 내도록 하고 입학을 허락하겠습니다. 아이야, 너는 열심히 공부해서 훌륭한 사람이 되거라."

그분은 나에게 기회를 주셨고, 좌절에서 손을 잡아 이끌어주셨다.

나는 고등학교 1학년 1반에 소속되었다. 모든 사물이 환하게 빛났다.

"청춘! 이는 듣기만 하여도 가슴 설레이는 말이다. 청춘! 너의 두 손을 가슴에 대고 물방아 같은 심장의 고동을 들어보라. 청춘의 피는 끓는다. 끓는 피에 뛰노는 심장은 거선의 기관과 같이 힘 있다. 이것이다. 인류의 역사를 꾸며 내려온 동력은 바로 이것이다."

국어시간에 민태원의 '청춘예찬'을 배우면서 나의 가슴도 불타올랐다.

돌맹이가 굴러가듯이 부모님의 도움으로 3학년에 올라와 있었다.

졸업 1달을 앞두고 우리 학생들은 공설운동장에서 "체코야, 물러가라"며 데모행렬을 정리하고 있을 때, 담임선생님이 큰 소리로 '옥경순' 하고 내 이름을 불렀다. 관공서에 시험 친 것이 합격되었으니 지금 바로 직장으로 가보라고 하셨다.

전교생이 큰 운동장 한복판에서 축하의 박수를 쳐주었다.

그 길로 시작한 관공서 공무원으로 10년 동안 일하면서 인생을 많이 배웠고 부모님도 많이 도와드렸다.

　나의 청춘은 비록 대학을 포기했어도 끊임없이 시민강좌, 독서 등을 통해서 성숙해 가고 있었다. 청춘이란 어느 기간을 말하는 것이 아니라 마음의 상태를 말한다.

　그것은 장밋빛 뺨, 앵두 같은 입술, 하늘거리는 자태가 아니라 강인한 의지, 풍부한 상상력, 불타는 열정을 말한다고 사무엘 울만 작가는 말하고 있다.

　아름다움, 희망, 희열, 용기, 영원의 세계에서 오는 힘의 모든 것을 간직하고 있는 한 언제까지나 젊음을 유지할 것이다.

고난 극복 스토리

세상에는 직업도 많다. 편안하게 일할 수 있는 사무직이나 힘겹게 일하는 일용직들, 그나마 일감이 있어서 매일 출근한다면 상당한 행운이다.

오십줄에 들어선 나에게도 일할 수 있는 기회가 주어졌다. 그것은 흑염소 집. 우리가 차린 가게에서 하는 자영업이었다. 흑염소, 한약, 호박, 포도 등 허약한 사람들이 주로 애용하는 보약을 달여주는 곳이다.

남편은 직장을 다녔고, 내가 사업자가 되어 아이들 학비를 돕는다고 시작한 일이었다.

강한 압력솥에 고열을 가해서 많은 시간을 끓인다. 24시간 끓인 약을 탈수기에 넣고 짠다. 그렇게 얻어진 진국을 들통에 담아서 또 끓인다.

그 과정에서 위에 뜨는 불순물을 깨끗이 걷어낸다. 완전 살균을 위해 또 한 번 끓인다. 이것을 파우치 틀에 넣어 봉지를 만드는 과정이다. 흔히 볼 수 있는 인삼즙, 포도즙, 봉지를 들고 다니며 편리하게 마시는 과정이다.

　탈수기가 밸런스가 맞지 않으면 세탁기 균형이 맞지 않을 때처럼 기계가 요동을 친다. 그럴 때는 장사에 경험이 없던 나는 간이 콩알만 해진다.

　파우치 기계도 봉지가 터지면 하루 종일 일한 결실인 액체가 쏟아진다. 잘못하면 공들여 만든 약이 모두 쏟아져 버린다.

　나를 믿고 맡긴 약을 최선을 다해야 한다. 온 정신을 집중하여 문제점을 살핀다. 고생 끝에 성공을 하면 "후~" 하고 안도의 한숨이 나온다. 그것뿐만 아니라 큰 압력솥이 두 번이나 터진 경험이 있다.

　난생처음 해 보는 일이 아주 위험한 작업이었다. 기계에 대한 아주 문외한인 나는 과정을 다 익혔지만 힘들었다. 펄펄 끓었던 약을 들통에 퍼낸다. 무거운 들통을 탈수기에 넣는다. 탈수된 약을 끓이면서 위에 뜨는 불순물을 걷어낸다. 다음은 파우치를 만들어 가방에 차곡차곡 담으면 완성이다. 무거운 들통을 들어 올리는 과정을 오십대 여인이 한다는 것은 결코 쉬운 일이 아니었다.

힘든 일을 해 보지 않은 나로서는 더욱 그렇다. 그러나 주문이 들어오면 어디서 그런 힘이 날까? 고달팠던 순간들이 싹 달아난다.

돈을 벌면 힘이 난다. 그 기분은 농부가 추수할 때처럼 기쁘다.

나는 주문을 받을 때 결과가 보장되는 것이다.

그런데 그 육중한 솥이 터졌다. 기술이 아직 부족한 상태에서 솥에 불을 지펴놓고 산에 올라갔으니 이 얼마나 위험한 행동이었는가. 불을 끄지 않고 불을 껐다고 착각을 한 것이다.

기계가 난리났다. 119에서 출동하여 불을 끄고 있었고, 동네 사람들이 다 모여있었다.

솥에 가득 들어있던 약은 옆 가게 유리문에 도배하듯이 쫙 발라져 있었다. 그리고 그 솥에는 물도 한 방울 없이 말라있었다.

이게 어찌된 일인가? 삼면으로 된 유리문은 산산조각이 났고, 솥 뚜껑은 콘크리트 지붕을 뚫지 못하고 찌그러져 있었다. 유리조각들은 행길에 널려 있었고, 건너편 인도에까지 유리조각들이 깔려 있었다.

구경꾼들은 전쟁이 다시 일어났는 줄 알았단다. '꽝!' 소리가 너무 커서 마치 폭탄 터지는 소리처럼 컸다고 한다. 큰 재난을 당하면 이런 상태일까? 나는 아찔하고 머리가 띵했다.

이웃들은 모두 놀라움에 눈이 휘둥그레져 있었으나 주인이 보이지 않았다. 이 얼마나 기막힌 일인가. '어디 갔다 왔느냐'고 시선이 집중되었다.

나는 아무 말도 하지 못했다. 그저 미안하다는 말 밖에 할 수가 없었다. 그런 가운데서도 사람이 다치지 않고 남에게 피해가 없었으니 이 얼마나 감사한 일인가. 옆집 창틀을 청소하고 길에 깔린 유리 조각들을 깨끗이 청소하면서 보니, 우리 집의 피해 외에는 아무도 피해를 입지 않고 오직 우리 집만 깨지고 부서지고 난리가 난 것이다.

간담이 서늘한 경험을 하고 모두 수리하여 5일 만에 다시 일을 했다. 동네사람들은 관대했고 오히려 걱정해 주었다.

"저 집은 성당에 다니더니 성모마리아님이 도우셨나?" 하고 말들

했다. 나는 감사한 마음을 담아 떡을 주문하여 동네사람들과 나누었다.

또 한 번은 가게 쪽방에서 글을 쓰고 있었다.

ME(meviage encoune)를 준비하는 중에 또 솥이 터졌다. 책상에 앉아있던 남편은 유리창문을 통해 들어온 파편이 이마에 꽂혀 피를 흘렸다. 그러나 수리하여 묵묵히 또 장사를 했다. 뒷받침해 주는 배우자가 있어서 든든하다.

그렇게 십 년 동안의 장사를 접고 나니 육십이 되었다.

이웃사람들의 배려에 뜨거운 감사의 눈물이 났다.

재차 신뢰가 형성되면 믿고 의지함이 생겼다. 나는 고난을 극복해 가면서 인생을 많이 배웠다.

사랑하는 딸 젬마에게

세 번째 연년생으로 태어난 딸아, 너는 들국화처럼 예뻤다. 너를 키울 때를 회상해 보니 찰나적으로 지나가 버렸다. 이 어미는 평생 늙지 않을 것같이 힘이 있었고 세심했었다. 지나간 일들이 결코 쉽지 않았으나 아름다운 추억이 되어 나를 사로잡는다.

참새처럼 재잘거리고 하루 생활을 낱낱이 이야기하는 딸이 있어서 이 어미는 언제나 기분이 좋았다. 공부도 잘하고 싹싹했었다.

초등학교 저학년 때의 운동회였다. 특별하지도 않은 도시락을 친구들과 함께 펴놓고, 맛있게 자신감 있는 표정으로 친구들과 함께 먹으면서 얘기꽃을 피우고 있는, 귀여운 너의 모습이 지금도 아련하게 떠오른다.

너는 초등학교 고학년이 되면서 어쩐 일인지 말을 하지 않았다. 사춘기가 와서 그런가? 그때 답답하고 마음이 아팠던 기억은 지금 생각해 보아도 알 수 없는 현실 앞에서 나 역시 우울했다.

너는 노래 부르기를 좋아했었지. 성당 주일학교에서 성가경연대회에 나가서 최우수상을 받을 때만 해도 너는 밝고 천진스러웠다.

네가 가지고 있는 소질을 살려서 진로를 결정해야 하는데 그 소중한 때에 우리 형편은 도무지 그렇게 할 수 없었고, 또 가족과 생각의 일치가 이루어지지 않았다. 부모는 무능하여 딸의 재능을 키워주지 못했구나. 곧잘 하던 학업성적도 자꾸만 처져 갔었지. 그런 가운데서도 부모는 너의 내면을 읽지 못했다.

대학 입시가 목전에 닥쳐오고 영문과를 지망했으나 잘될 리가 없었다. 대학 입시는 낙방이었다. 마치 닭장에 갇힌 독수리 한 마리가 닭이 아니면서 닭들의 세계에 물들어가면서 날기를 포기한 모습처럼 의욕을 잃고 나락으로 떨어져 갔다. 참으로 안타까운 일이다. 이 일을 어찌하면 좋단 말인가.

그때 이 엄마는 흑염소 집을 운영하기 시작했으니 그래도 행운이었다. 늦었다고 생각할 때가 가장 빠르다는 말을 위안 삼아 남보다 늦은 시간이었으나 가진 소질을 마음껏 펼쳐 보거라.

드디어 성악 전공으로 대학에 합격했고, 음악교육학과로 대학원까지 당당히 공부도 할 수 있었다. 그 당시 이 어미는 공부만 하면 무엇이든지 잘 될 것이라 믿었다. 그 후 대학원 박사 과정을 밟고 있는 선배를 만났구나. 그것이 운명인지 시행착오인지 그를 사랑하고 결혼하였다. 그 사람은 똑똑했으나 비인간적이었다. 차츰 폭력을 휘두르며 몰랐던 본성이 나타났다.

너는 그 상황을 극복해 보려고 집에도 오지 않았다.

어느 날 만난 딸은 반쪽이 되어 있었다. 아기는 보채고 어미는 먹지 못하고, 1년 만에 헤어지고 말았다.

그리고 딸 하나를 키우며 인고의 생활 끝에도 딸 하나를 유일한 희망으로 삼고, 세월은 흘러 너는 40대 중년이 되고 손녀는 대학생이 되었구나. 부모는 자식이 자리를 잡지 못하면 할 일을 다 못한 것처럼 언제나 불안하다.

이제는 손녀도 대학생이 되었고, 엄마는 홀로서기를 해야 한다. 이제는 결단을 내리고 지금 이 현실을 박차고 일어나야 한다. 홀로 인생의 길을 찾아 돌파해 보는 일이다. 어려운 곳으로 가서 독단적으로 부딪쳐 보는 일이다.

사랑하는 딸 젬마에게

너는 프랑스를 거쳐 스페인 성지인 산티아고를 간 것이다. 조용하기만 한 너는 난생처음 홀로 먼 여행을 떠났다.

44일을 예정한 홀로의 여행을 시작한 것이다.

카이사르와 나폴레옹의 말발굽 소리가 들릴 듯한 피레네 산맥을 넘어 미지의 세계를 향했다. 고독하고 힘든 여행을 하는 여정에서 인생의 의미를 찾기를 바랐다.

햇볕 내려쪼이는 한없이 펼쳐진 옛 성현들의 역사가 파묻힌 그 길을 끝없이 걸으며 같은 동반자를 만났다.

그 사람이 지금의 남편이 된 스웨덴 사람이었다.

너의 참 인연은 그곳에 있었구나. 지금쯤은 먼 이국땅에서 결혼한 남편과 생활에 적응하느라 한창이겠지.

너의 태몽은 누런, 아주 잘 익은 호박이었다.

땅에서 자라며 노랗게 핀 호박꽃은 아무도 눈길을 주지 않다가 누렇게 익으면 모두들 좋아한다. 늙어 사랑 받는 너, 호박은 너뿐인가, 생각해 본다.

나도 너처럼 익어가고 싶다.

어느 시인의 말처럼 인생 후반기에 착한 우리 딸이 빛을 볼 것이라고 확신한다. 닭장 속 우리에 갇혀 있는 독수리가 큰 울음을 토해내며 광활한 이국의 대지 위로 힘차게 비상할 것이다. 그동안 살아오면서 수많은 어려움들로 마음 고생 많이 했지만 그것을 발판 삼아 한 치의 허점 없이 일어설 것이다.

우리 어여쁜 딸에게 행운이 있기를 오늘도 두 손을 모은다.

사랑해!

큰아들 시몬에게

코흘리개 때 이웃들은 아들에게 스마일이라는 별명을 붙여 주었다. 웃으면 눈이 반달이 되고 입꼬리가 올라갔다. 언제나 너는 잘 웃었다. 맛있는 음식을 먹을 때나 기분이 좋을 때 화사하게 웃었다.

두 살인데 벌써 동생과 생일이 같은 달 동생이 태어났기 때문인지 벌써 철이 들었나 싶게 동생에게 양보하는 모습이 보였다. 우리 큰아들은 부모에게 기쁨을 주어서 스마일 스티커가 유행하던 때에 걸맞게 엄마에게 언제나 흐뭇함을 안겨 주었단다.

아들아, 너는 개구쟁이이기도 했단다. 셋방 언덕배기에 살 때였나 보다. 팬티도 입지 않고 경사진 골목길을 신나게 뛰어내려 갔었지. 한없이 간다면 집을 잃을 정도로 내달았다. 두 살 걸음마가 단단해져 가니 신이 났을 것이다. 동네노인이 언덕을 올라오시며 "자식, 고추가 달랑달랑 잘도 뛴다"고 한 마디 하신다.

내가 뒤따라 뛰지 않았다면 골목 많은 동네에서 길을 잃고 한참을 찾느라 야단났었겠지.

한 번은 너의 아버지 친구가 우리 가족을 초대했었다. 그곳은 시골이었고, 아주 추운 겨울이었지. 맛있는 점심을 먹은 후 네가 보이지 않아서 이리저리 찾았으나 보이지 않아서 불안해졌다. 그런데 저만치 가로질러 울면서 걸어오는 네가 보였다.

　이제 세 살 된 조그마한 것이 잠깐 동안 보이지 않더니 온통 똥물로 머리부터 발끝까지 범벅이 돼 있었다. 그리고 추워서 부들부들 떨었다. 그것은 순식간에 일어난 일이었다.

　호기심 많은 너는 몰래 빠져 나가서 넓은 들판을 신나게 뛰었겠지. 벼농사를 거두어들인 한쪽 논을 파서 봄에 거름을 하기 위해 재래식 화장실 똥을 푸어서 저장해 놓은 한쪽 논의 그 똥 위쪽이 말라서 흙과 똑같이 보이는 그곳을 논인 줄 알고 뛰어 들었다가 똥물에 빠진 것이다. 깊이가 어린 아이에게는 어깨까지 올라오는 깊이였다. 올라올 수 없어 울고 있는데 지나는 사람이 손을 잡아 끄집어냈다는 것이다.

　순식간에 일어난 일이었는데 아찔한 순간임을 알게 된 순간 너무 놀라고 기막힌 일에 물을 데워서 추운 겨울 온몸을 씻겼더니 덜덜

떤다. 욕조가 없는 시골, 부엌 하수구 쪽에서 씻고 나니 얼마나 추웠겠느냐! 흙인 줄 알고 풍덩 빠졌는데 절체절명의 순간들, 도움의 손길이 인생을 살아오면서 바로 기적이었고 고마운 일이었다. 이 얼마나 아찔한 순간이었겠느냐?

그때 나의 가슴은 놀라움과 안도로 가슴이 서늘해졌다.

초등학교에 입학한 일학년 여름방학 때 일이었다.

외갓댁 가족들과 야외놀이를 갔었지. 목적지는 부산 영도 태종대였다. 날이 어두워져 집으로 모두 갈 준비를 하는데 네가 보이지 않았다. 함께 있겠거니 했는데 너만은 없어졌다.

그곳은 절영도라 절벽이 많은 곳이어서 위험했다. 모두 "시몬! 시몬아!" 하고 찾았으나 보이지 않았다. 어떤 영문인지 도무지 예측이 가지 않았다. 나는 불안하여 정신을 차릴 수가 없었다.

두 가족이 이름을 부르며 구석구석 찾았으나 헛수고였다. 이제 날이 완전히 저물어 어쩔 수 없이 외갓댁으로 모두 차를 타고 왔다. 두 정류장 거리였다.

그런데 너는 외갓댁에 먼저 와서 외할머니와 얘기하며 놀고 있었다. 서툰 길을 어떻게 감을 잡아서 걸어 왔는지 궁금했지만 과정은 어쨌거나 무사히 만날 수 있음에 엄마는 안도했었단다.

전주 덕진동으로 이사를 갔을 때였다. 학교 친구들은 네가 서울에서 왔다고 토박이 아이들로부터 도전을 받았다.

"야! 서울내기 우리하고 한번 겨루어보자" 하고는 이사 온 지 얼마 안 된 너에게 다섯 명이 도전해 왔다. 방과 후 빈터에서 책가방을 내려놓고 5:1로 겨루었다고 했다. 태권도 검은띠였던 너는 주특기 돌려차기로 한방에 다 쓰러뜨렸는데 다음날 모두 집으로 찾아와서 사과를 하더구나. 비교적 상위권 아이들이었고, 나중에 대학교수 아들과는 특별히 잘 지내게 되고 나도 그 엄마와 인사하고 지내는 사이가 되었다.

이렇게 어린 아이들도 텃세가 심하고 상대를 시험해 보니 우리 시몬 아들도 만만치 않다는 것을 그들도 알게 된 결과였다. 6년 동안 다섯 학교를 옮겨 다녔지만 6년 개근으로 졸업했다. 어려움을 잘 견

큰아들 시몬에게

더준 너희들에게 고맙고 미안했다.

 모든 것은 다 지나가고 이제 두 아들의 아버지가 된 어엿한 너를 보면 지금도 엄마는 든든하다.

 어린 시절 모험심 탓일까? 빚을 내서 약국을 차렸지만 거듭 실패의 어려움을 경험했으나 좌절하지 않고 오뚝이마냥 일어서는, 용기를 잃지 않는 아들이 자랑스럽다.

 부모는 자식이 외면하지 않고 따뜻한 관심을 가져 줄 때 너희를 키운 보람으로 이제 80대가 된 이 엄마의 마음은 흐뭇하고 기쁘다. 큰아들 사랑해!

둘째아들 마르코 보아라

　형과 같은 달, 연년생으로 태어난 너는 비쩍 마르고 손발이 유난히 길었다. 이마는 주름살 투성이로 조금만 더 심했다면 해골에 가까울 만큼 말랐었다. 작년에 출산했는데 올해도 같은 달 출산이라니 의사는 이렇게 빠른 터울의 출산을 본 적이 없단다. 그래서 영양 섭취가 잘 안 된 탓일까.

　그래도 아들이라서 좋았다. 엄마가 딸부자 집에서 태어났기 때문에 남자 선호가 은연중 마음에 박혀 있었다. 그런데 너는 젖을 빠는 힘이 강했고, 하루가 다르게 살이 쪄 갔다. 100일 정도 되었을 때 몰라보게 건강해졌다. 이웃들은 엄마 젖이 참젖이라고 말해 주었다. 해골처럼 말랐을 때는 이마에 주름도 심했고 어떻게 생겼는지 감이 잡히지 않았는데 이제는 얼굴이 점점 달덩이가 되어 갔고 키는 컸다. 너를 데리고 외출을 할라치면 젊은 엄마들은 관심을 갖고 물어 왔다.

　"몇 달이 되었어요?"
　"뭘 먹여요?"

"어느 회사 분유를 먹이나요?"

사실은 아직 젖만 먹이고 있었다. 하루는 예방접종을 위해 병원에 갔는데 남양분유 회사에서 우량아 선발을 하는데 나가보라는 것이다. 충분한 자격이 갖추어졌다는 것이다. 나는 기쁜 마음으로 최고 좋은 옷을 입혀서 선발대회에 나갔다. 의사들이 키와 몸무게를 재고 입 안과 눈을 들여다보고 아이를 세워서 배도 콕콕 찔러 보았다. 물론 옷은 입지 않은 상태였다.

70여 명 되는 많은 아이들이 엄마에게 안겨서 건강한 모습을 의사에게 심사 받느라 정신들이 없었다. 어른인 엄마들은 자신의 귀한 아기가 어느 지점쯤에서 잘 성장하였는지 알아보기 위해서 모두들 적극적이었다. 결과는 오후에 가서야 발표했다.

우리 아들 마르코는 준우승이었다. 1등은 못 되었으나 아기가 건강한 축에 든 것만으로도 고맙고 대견했다. 너는 순하고 바르게 성장해 갔다. 성적은 중간이었고 어느 사이 고3이 되었다. 아이 셋이 연년생이었고, 막내는 2년 터울이었다. 공부는 스스로 하기를 바랐다. 형편도 안 되었지만 과외공부는 물론 네 명 모두 학원에 다니지 못했다. 방과 후 저녁 9시까지 학교 도서관에서 공부한 것이 모두였다. 그래서 그런지 모두들 재수, 3수까지 나왔다.

그래서 대학입시에 고배를 마셨다. 혹 좋지 못한 친구들과 어울릴까, 좌절의 나락으로 떨어질까, 영 마음이 놓이지 않았다. 발표가 있던 날 너는 자정이 되어도 집에 오지 않았다. 애타게 기다리는데 아주 늦은 시간에 들어와서 하는 말이 "어머니, 한강다리가 그렇게 높은 줄 몰랐어요. 물살이 빠르게 흐르더군요" 하는 것이 아닌가. 그 순간 이 어미는 간담이 서늘했다.

평소 고등학교 길이 험했다. 빠른 시간에 학교를 가기 위해 혜화동과 성북동 사이에 쌓여진 성터 길을 따라 걸어서 학교를 다녔다. 그 길은 사람이 많이 다니지 않는 으슥한 길이었다.

학교 못 간 불우한 아이들은 그 성을 통해 학교 가는 우리 아들을 붙잡고 시비를 걸어온단다. 돈을 요구하고 한 대 칠 듯이 덤벼서 도시락을 주었더니 다 먹어 치운다고 했다. 그들은 서너댓 명이었는데 한 대 쳐 줄 수 있는 체격이었으나 너는 그렇게 하지를 않았다.
　이 엄마는 그 길을 따라 학교까지 성수를 뿌리며, "이 성수로 저희들의 모든 죄를 사해 주시고 마귀의 유혹을 물리치며 악의 유혹을 물리쳐 주소서. 아이의 학교 길을 열어주시며 3년 동안 무사히 학교를 다닐 수 있도록 도와주소서" 하고 학교 정문까지 걸으며 성수를 뿌렸다.
　재수를 하고 대학에 들어가더니 엉뚱하게도 연극반에 들어갔다. 학교에서 연극 발표에 참가해 보았더니 너는 감독을 하고 있더구나.
　그 연극은 「아나키스트」였고, 일제에 항거하는 젊은이들의 애국정신을 묘사한 내용이었다. 학교 졸업 후 영화 제작에 발을 들여놓고 조감독이 되어 「엽기적인 그녀」 「클래식」 등의 흥행으로 성공하였다.
　지금은 목공예로 아들딸 아빠가 되어 소박하게 살아가는 모습이 더 좋구나.

언젠가는 방송작가 며느리와 함께 다큐멘터리 제작이 꿈이라고 말했었지. 어느 곳에서라도 불의와 타협하지 않는 아들이 자랑스럽다. 그리고 그 꿈이 꼭 이루어지기를 바란다.

안동이라는 객지에서도 주변사람들과 좋은 인연을 맺어가면서 활동하는 너의 모습이 아름답다. 이웃과 좋은 관계를 맺어가면서 살아가는 삶이 최고란다. 우리 아들 파이팅!

사랑하는 막내 요한아 보아라

누나와 두 살 터울인 너의 태몽은 수정별이었다. 붉고 고운 보자기에 수정으로 된 별이 나에게 왔다. 참 특이한 태몽으로 투명하게 빛나고 있었다.

초등학교 4학년쯤 된 어느 날 오후, 학교에서 돌아온 너는 내일 시험이라서 동네 도서관에 가서 공부하고 오겠단다. 그렇게 책가방 메고 집을 나선 너는 밤 12시가 되어도 오지를 않더구나. 대문 앞에 앉아 기도하며 너를 밤새 기다렸지. 동이 터 오는 아침에 눈을 비비며 집으로 왔다. "어찌된 일이냐, 엄마는 네가 걱정돼서 한잠도 못 잤다" 하고 나무랐다. 대답이 걸작이었다.

"공부는 안 되고 너무 졸려서 좀 자다 공부해야지, 하고 엎드려 자고 보니 아침이었어요" 하는 것이 아닌가. 그럼 공부도 안 하고 엎드려 자다가 온 것이다.

너는 소유욕도 강했다. 처음 애플회사 컴퓨터가 나올 때였다. 그것을 사달라는 것이다. 안 된다고 말했으나 끈질기게 졸랐다. 어쩔 수 없이 시간이 지나 돈을 마련하여 그 생소한 기계를 샀다.

그 후 저전거가 또 필요했더구나. 성장해 가면서 하고 싶은 게 많아지고 있었어. 형들은 형편을 알고 요구하지 않았는데 너는 머리를 쓰더구나.

매일 아침 아버지 구두를 반질반질 닦아 놓고 용돈을 벌었다. 그리고 원하는 자전거를 샀다. 가정형편을 헤아리는 형들과는 판이하게 달랐다. 그것이 후일 꿈을 이루는 강력한 뒷받침이 되어 주었다.

중학교 때였다. 너는 맹장염에 걸려서 수술을 받았는데 부모는 입원실에 오지 못하게 하고 친한 친구들 불러 일주일 동안 함께 자면서 그의 도움을 받았었다. 벌써 아들이 사회성이 발달되어 자신의 일은 자신이 하는 아이라고 기특했다.

대학교에 입학하더니 홀로 유럽여행을 떠났다. 난생처음 비행기를 타고 대망을 꿈꾸며 유럽을 거의 다 돌고 돌아오더니 영어가 많이 늘었다고 길을 걷다가 외국인이 보이면 먼저 다가가 말을 걸어 보고 훨씬 나이 많은 어른을 우리 집에 모셔오기도 했다.

대학 3학년이 되더니 이번에는 호주로 워킹홀리데이를 갔다. 6개

사랑하는 막내 요한아 보아라

월 있다가 온다는 아들을 말렸다. 위험할 것 같아서였다. 이런 일들을 통해 엄마는 생소한 낱말들을 많이 배웠다.

결국 호주로 떠났다. 그곳에서 중고 자동차를 사서 피자 배달을 하고 넓은 운동장 청소를 해 보았지만 돌아오는 보수는 단지 그날 잠자는 것과 하루 먹을 것만 해결되는 것이었으니 얼마나 야박한 나라인가?

여행을 떠나기 전 6개월의 직장 경력이 있어야 하고 대학생이라는 자격을 갖추어야 했다. 그래서 LG에 합격했었다. 회사에서 두바이로 정식 발령을 내려주겠다 했으나 초심을 잃지 않았다.

성장해 가면서 무한한 아이디어를 보여주는 아들이 대견스러웠다. 호주에서의 중고차도 LG에서 6개월간 번 돈으로 해결했으니 부모에게 짐이 되지 않으려 노력한 너의 마음 됨됨이에 고맙게 생각한다.

어린 시절의 욕구와 아버지 신발을 닦아 자전거를 사는 아들의 행동이 지나고 보니 자립심을 키우는 밑거름이었구나. 호주에서 긴

바게트 빵을 사서 바닷가에 가서 먹으며 아름다운 그 나라 풍경을 가족과 함께하지 못하는 것이 안타까워 펑펑 울었다는 말을 듣고 남자로서 대망이 컸고 외국인들 틈바구니에서 얼마나 고생했겠느냐? 그런 경험들이 오늘날 전자공학을 공부하여 대기업에 그 부품을 납품하는 자영업을 하는 아들이 대견할 뿐이다.

전자공학 석사학위를 따면서 아무런 도움 없이 스스로 실력을 키워 비행기가 비상하듯이 꿈을 현실화 시키는 아들이 자랑스럽구나. 그러나 아는 길도 물어서 가라는 말이 있듯이 겸손함도 함께 간직하며 더욱 알찬 성숙한 사회의 일원이 되기를 바란다.

우리 막내아들 파이팅!!

손녀 아가다에게

우리 아가다는 돌도 되기 전에 외가댁으로 들어왔다.

거무스레한 피부에 눈망울이 똘망똘망한 아이, 환경의 지배를 받는지, 밥을 잘 먹지 않는다. 잘 울었고 삐쩍 말랐으나 말은 똑똑하고 자기주장이 강했다. 외할아버지와 함께 사랑을 퍼부었건만 그것으로 만족 못했다. 언제나 사랑에 목말라 했었다.

함께 외출할 때는 너를 위해 할머니는 김밥을 싸서 틈만 나면 먹이려고 노력했었다. 할머니는 네 명의 자녀를 키울 때보다 훨씬 힘들었다.

어느 날 차를 타고 가고 있는데 자꾸 보챘다. 네 살 정도 되었을 때였는데 "맛있는 것 사 주랴?" 물으니 고개를 살래살래 흔들었다.

"그럼 무엇을 어떻게 하랴?"

그때 손바닥에 '사랑'이라고 쓰는 것이었다.

"오! 사랑해 달라고?"

그렇게 물었더니 울음을 딱 그쳤다.

네 살 밖에 안 된 너는 인정받고 싶었던 것이다.

더 어릴 때는 발가벗은 채로 운동한다고 묘한 동작을 하고 피아노 앞에 앉아 건반을 두드리며 자작한 노래를 부른다고 알 수 없는 말로 소리를 질러댔다. 우리는 너의 재롱에 즐거워서 박장대소를 하였다.

　초등학교 다닐 때는 좀 더 잘 키워 보려고 사립학교에 보냈다. 일요일이면 성당에 가서 신부님께 매달렸다. 아기 원숭이가 어미에게 매달리듯 찰싹 뛰어 올라 매달리면 신부님은 어색하게 웃으며 안아 주었다. 아버지가 안 계신 내막을 아시고는 더욱 관심을 가져 주셨다.

　어느 날 산을 무척 좋아하는 할머니는 너의 조막만한 손을 잡고 집 뒤에 위치한 앵봉산에 올랐다. 조그만 강아지처럼 잘 걷는다. 그러나 조금 가니 힘들어 업어 달란다. 업고 한참을 올라 내리막길에 접어들었을 때 비가 내렸다. 한 손에 우산을 쓰고 한 손으로 너를 받치고 집까지 오는데 이 할머니는 어디서 그런 힘이 솟아났을까, 그것 역시 사랑이었다.

손녀 아가다에게

특별히 잘 키우려고 애비 없는 아이가 주눅 들지 않게 잘 키우고 싶어서 몬테소리 유아교육에 참석하여 다섯 살부터 일곱 살까지 특수교육을 시켰다. 우리 아이들은 그 소중한 시기에 학원 한 번 보내지 않았으나 손녀에게는 가능한 환경이 되었다. 그 교육의 일부분인 핀셋으로 곡식의 낱알을 집어서 다른 빈 그릇에 담는 작업도 하였다. 하루 종일 한 알을 넣을 수 있으나 선생님은 인내로 성공시킬 수 있을 때까지 지켜보았다.

그 교육 때문인지 지금도 버리는 것을 잘 못한다. 하찮은 물건이라도 소중하게 여기고 그 물건이 어디 있는지 기억해 냈다. 노틀담 수녀원에서 하는 몬테소리 교육을 철저하게 3년을 받았던 것이다. 그렇게 3년 동안 버스를 타고 먼 길을 다닐 수 있었던 원동력은 할머니였다.

너는 잘 커주었고 그 후 사립유치원과 사립초등학교의 수준 높은 교육을 받을 수 있음은 순전히 할아버지 덕분이었다. 할아버지와 함께 다니며 스키도 잘 타게 되었다. 가장 높은 곳에서도 유유히 내려오는 야무진 너의 모습은 단단해져 갔고 운동신경이 활발하게 발달되어 갔다.

그러더니 뮤지컬 전공으로 대학생이 되었구나. 성격도 만만치 않고 받기만 하고 줄 줄은 몰랐다. 할머니에게만 그런 것일까? 조건 없이 너에게 준 사랑이 너의 인생 어디엔가, 조건 없이 사회생활에 이바지하기를 바란다.

지난 여름방학에는 아르바이트를 했었지. 40℃에 가까운 더위를 뚫고 계획했던 일을 해냈다. 너의 책임감 있는 행동에 칭찬해 주고 싶구나.

매력 있는 아가씨로 성장한 너에게 행운을 빈다. 너는 나에게 변함없이 소중한 손녀다. 이제 힘이 소진되어 가는 할머니에게도 관심을 부탁한다.

앞날에 행운이 있기를 빌면서, 사랑해!

매듭이 풀리면서

 이른 봄 곳곳에서 조용히 움직이고 있는 봄의 향연이 시작된다. 앙상하던 나무들 끝을 자세히 살펴보면 잎이 움터 오르고 메마른 땅 위로 봄의 서곡은 시작된다.
 상수리 나무 고목 사이사이에 진달래가 봉오리를 피우고 있다. 꽃 중에서 제일 순하고 청순한 진달래는 어느 것에도 구애받지 않고 연분홍꽃은 신기할 정도로 아름답다.
 그 꽃을 해마다 얼굴 맞대고 사진을 찍는 마음은 순하디 순한 겸손함 속에 푹 빠지고 싶어진다. 개나리, 목련 등 시샘하듯 피어나겠지만 나는 진달래가 가장 좋다. 진달래가 피어나는 동네에 살게 된 것은 커다란 축복이다.
 자연을 노래하며 걷는 산길에서 마음 속 갈등들이 풀려 나간다. 꼭 매듭이 풀려 나가듯이…. 힘들게 차 타고 먼 길을 꽃구경 가지 않아도 학교 담벼락에 만개해 있는 개나리꽃만 보아도 노랗게 물들어 가는 자연의 아름다움은 표현할 길 없어 안타깝다.
 이른 아침 잠에서 깨어난 나는 오늘은 떨어진 양말을 깁기로 했다. 세월의 흐름과 동시에 새로운 물건들이 많이 나오고 있는데 구멍난 양말을 요즘 누가 기워 신겠는가?

　그러나 살아온 역사를 쉽게 버리지 못하고 나는 아이들에게 모두 기워 입히고 신기도 하던 지난날이 힘들었으나 그때가 그리워진다. 지금은 구멍난 양말쯤이야 버릴 수 있지만 그러질 못한다. 실로 엮어가며 구멍을 매꾸는 솜씨를 다시 한번 발휘해 보고 싶다.

　한참을 신나게 바느질하는데 그만 실이 엉켜 붙었다. 매듭을 풀어서 계속 나아가야 하는 중요한 시점에 옹골차게 엉켜 붙었다. 바늘을 여기저기 꽂아 보아도, 이리저리 노력해 봐도 서로 엉켜서, 잘라 버리고 다시 하면 될 텐데, 그러나 매듭이 풀어지면 지금의 난해한 삶들이 서서히 풀릴 것만 같아서 계속 집중하여 실을 풀어보려고 온 마음을 집중해서 노력했다.

　창문을 통해서 은은하게 불어오는 봄바람은 상쾌한데 나의 실매듭은 풀리지 않고 참 힘들게 한다. 포기하기는 싫었다. 새벽부터 실처럼 가늘은 바늘을 들고 나와의 싸움은 계속된다.

매듭이 풀리면서

　어느 영상에서 유치원 아이들에게 바늘 꿰기를 경험하는 시간을 가졌다. 아이들에게 커다란 바늘과 그에 맞는 실이 주어졌다. 어린 아이들이 신기할 정도로 몰입하여 바늘구멍을 응시하고 실을 꿸 찰나 사팔뜨기가 됐다. 그 모습이 귀엽고 웃음 짓게 했다.

　실에 침을 발라가며 눈을 크게 뜨고 작은 구멍 속에 넣으려 했지만 번번이 실패하는 장면을 보았다. 집중하는 아이들 눈빛이 생각나고 너무 힘든 작업에 몰두하는 모습이 귀여웠다.

　드디어 남자아이가 성공시켰다. 생소하고 어려운 일을 해 낸 그 아이의 표정이 생각나면서 나의 현 처지가 비교가 된다. 나 역시 집중하고 있다.

　매듭이 풀리면 어쩐지 삶의 어려움들이 서서히 풀려 나갈 것 같은데 시선을 집중하고 또 한 번 온갖 기를 불어 넣으면서 집중했다. 지성이면 감천이란 말이 생각나면서 또 한번 바늘을 넣어 이리저리 집중하였더니 한 가닥이 서서히 풀려 나갔다.

　얼마나 시간이 걸렸을까? 먼 하늘에 아침 해가 동터 오를 준비를 하고 있었다. 그 다음 또 한 가닥, 또 한 가닥, 모두 풀려 나갔다. 속이 시원하면서 물 한 모금을 마셨다. 이렇게 홀가분하고 기쁠 수가, 무거운 짐을 지고 오랜 시간 사투하여 목적지에 옮겨 놓은 듯 시원하다.

얼른 끝을 맺고 뒷동산에 피어있을 진달래꽃을 만나러 가야지. 깔끔하게 기워진 양말을 신고 그 꽃 한 가지를 얼굴에 대고 올해도 멋있게 사진을 찍어야지.

매듭이 풀리면서 꽉 막혔던 내 마음도 풀려 나갔다.

아침의 단상

나는 눈을 뜨면 여섯시다. 손녀를 떠맡아 그 아이 아침밥을 챙겨야 한다. 머우를 삶고 감자를 볶았다. 콩나물은 무치고 당근을 강판에 갈았다.

5시 5분, 그 아이 방에서 시계 알람, 핸드폰 알람이 동시에 울리기 시작한다. 그 아이는 고 3이다. 연극영화과를 선택했으니 공부에는 별 관심이 없다. 늦었다고 투덜거린다. 누가 방해했나?

자신이 늦게 일어나 결국 당근만 먹고 달아난다. 나머지는 내 몫. 나는 손녀를 위해 준비한 반찬으로 아침을 맛있게 먹었다. 이제 나에게도 할 일이 있다. 오후 1시 30분까지는 합창단 연습을 간다.

오전 10시까지는 노원문화원의 '힐링여행기' 강좌를 들으러 가는 것이다. 아주 바쁘다. 노원문화원은 나에게 아주 낯선 곳인데 1시간이 걸린다. 두 곳에 가야 할 준비들, 그러나 무사히 목적지에 도착. 첫날 강의를 듣고 글을 써 본다. 서툰 글이지만 열심히 써 본다.

내 작은 숨소

제 3부

내 이름으로 삼행시 짓기
나의 소중한 부모님
한국방송통신대학교 학생이 되어
나의 어린 시절
나의 청년기
결혼
자연적인 것과 인위적 감동
행복
남편에게
여름 휴가

내 이름으로 삼행시 짓기

옥 옥구슬같이 아름다웠던 지난날

경 경건하게 생활해 온 부모님이

순 순하고 착하게 살라고 이렇게 아름다운 이름을 지어주셨네

나의 소중한 부모님

　시간의 흐름과 함께 부모님에 대한 기억도 희미해지는 것을 보니 세월이 약인가 보다.
　90줄에 전기장판 줄에 발이 걸려 넘어지신 어머니는 대수술로 수십 조각으로 부러진 골반 뼈를 금속으로 이어붙이셨다. 심한 진통으로 죽음의 고비를 넘기며 집으로 돌아오신 어머니의 돌봄은 시원치 않았다.
　모두들 직장을 나가고, 용변은 기저귀가 대신하고 손을 뻗어 물을 받아 양치를 하시지만 돌봐줄 자식이 없었다. 늙으면 서럽다는 말을 절실히 실감하며 어머니는 그렇게 3년을 버티셨다.

　나는 일본 동경에서 태어나 다섯 살 되던 해에 해방이 되면서 부모님을 따라 조국으로 돌아왔다. 아버지는 동경에서 배운 이발기술로 일을 하셨고, 영화배우같이 얼굴이 예쁘고 마음씨도 고우셨던 어머니는 동네 일감을 구해다가 일을 하며 딸 다섯과 막내아들을 키우셨다.

넷째 딸이 태어났을 땐, 쓸데없는 것들만 자꾸 나온다며 할머니가 쟁반을 엎으실 정도로 화를 내셨다고 한다.
　장녀인 내가 초등학교 4학년 때, 6.25전쟁이 터졌다. 흥남부두에서 배를 타고 내려온 피난민들로 조용하던 거제도가 북적대기 시작했고 원조 받은 식량은 밥을 하면 펄펄 날아가는 알람미였다.

　그 해 아버지는 북한의 평등사상인 보도연맹에 가입하여 그럭저럭 살아가던 어느 날, 순경들은 보도연맹에 가입했던 청년들을 굴비 엮듯이 밧줄로 엮어서 끌고 갔다. 혐의가 없다고 풀려나셨는데 그날 밤, 시골 조용한 마을에 총소리가 들렸고, 동네 유지분이 돌아가셨다.
　겁에 질려 얼굴이 백짓장이 된 아버지는 짐을 꾸려 캄캄한 밤에 뒷산을 넘어 어디론가 먼 길을 떠나셨다. 어수선하고 불안한 조짐이 온 동네를 휘감았고, 며칠 후 순경이 아버지를 찾아왔지만 계시지 않다는 사실을 확인하고 돌아갔다.

전답도 없이 시골로 들어온 우리 가족은 아버지도 안 계신 상황에서 먹는 것 자체가 문제였다. 어머니는 남의 농사를 돌봐주고 밥이며 반찬, 얼마간의 곡식을 가지고 오셨고, 그것으로 살아야 했다.

　어느 날, 지서에서 어머니를 호출했고, 우리 딸 셋은 어머니를 따라가 지서 안 난로 옆에 앉아있었는데, 어머니의 비명소리에 놀라 합창을 하듯 울어야 했다.

　아버지의 행방을 알기 위한 고문으로 어머니에게 고춧가루 물을 코에 부었고, 고통에 못이긴 어머니는 묶인 손을 세면바닥에 비벼서 팔꿈치의 살점이 날아가 뼈가 보일 정도였다.

　어머니의 상처의 고통은 오래도록 계속되었고, 우리는 늘 불안에 떨어야만 했으며, 순경은 이리저리 도망다니는 아버지의 행방을 찾아다니느라 전국을 뒤졌다고 한다.

　세월이 지나 모든 것이 해결되었다며 도망간 사람들의 행방을 물었지만 어머니는 불안한 마음에 끝내 행방을 말하지 않으셨다고 한다. 안심하고 마을로 돌아온 사람들은 오자마자 모두 총살되었다.

  어머니의 지혜와 희생 덕분으로 아버지만이 유일하게 살아오셨고, 동네에서는 이런 어머니에게 열녀상을 주어야 한다고 할 정도였다.

  7년의 세월이 흘렀고, 휴전이 되자 빡빡머리의 아버지가 크레용을 사가지고 돌아오셨고, 우리 가족은 뛸 듯이 기뻤다. 그 무렵 귀한 남동생이 태어났고, 우리 가족은 할머니와 함께 7식구가 되었다. 시골에서의 9년 생활을 접고 부산으로 이사를 하여 아버지는 조그만 이발관을 개업하셨다.

한국방송통신대학교 학생이 되어

나의 학번은 202010-100656, 가을학기에 입학했다. 국어국문학과를 택했다.

이 나이에 왜 공부를 하고 있나?

병원 입원과 점점 아픈 확률이 많아지고 있다. 그러나 어느덧 4학년에 올라와 한창 시험 때를 맞았다. 학교 공부는 한 학기, 여섯 과목이다.

한 과목 15강을 방송으로 강의를 듣는다. 여섯 과목 총 90강을 듣고 나면 출석 수업을 통해 비로소 교수님들 얼굴을 볼 수 있다. 강의를 들은 후 리포트를 쓰게 된다.

리포트 제출 후 미디어로 협력학교에 가서 시험을 친다.

총 학점 130점 이상을 획득해야 졸업을 할 수가 있다. 나는 3학년까지 학점 78점을 획득했다.

점수가 부족하여 정시에 졸업은 불가능하다.

차츰 학문의 결실을 체에 걸러 올리면 알맹이는 구멍으로 빠져 나가고 점점 줄어든다.

리포트를 열심히 써서 타이프를 한 후 확인이라는 단추를 빼 먹고 저장은 잘못되어서 날아가 버렸다.

그럴 땐 힘이 빠지고 허탈해지면서 날아가 버린 것을 잡을 수 없으니 너무나 안타깝다. 날아가 버린 두 과목을 대체시험을 쳐서 메꾸어야 한다.

그후 일주일 후에는 여섯 과목을 시험치러 협력학교에 갈 것이다. 기억력은 차츰 쇠퇴하고 가물가물하다.

막내아들은 컴퓨터를 사 주고 손녀는 나의 부족한 컴퓨터 미디어를 가르쳐 준다. 다른 가족들은 건강만 허락하면 만학을 환영하다.

그럼 나는 왜 이 어려운 길을 걷는가?

그것도 80대 후반까지 끌어오고 있는가? 그것은 이렇게 좋은 과목들과 교재와 훌륭한 강의를 어디 가서 들을 수 있겠는가?

국어국문학과가 우리 글이라서 쉽게 접할 수 있을 것 같았다. 그러나 학문의 깊이가 이렇게 무궁무진할 줄은 몰랐다.

'한국희곡론'을 보자. 희곡과 연극이 밀접한 관계를 맺고 따라서 동의어로 쓰인다. 창작된 희곡이 공연보다 우선한다.

'한국문학의 이해'를 보자. 한국문학은 한국작가가 한국인의 사상과 감정을 한국인의 글로 창작한 문학작품이다.

우리나라는 삼국시대에 앞서 4국시대였다. 그 기간은 500년에 가까운 시간 동안 존재했다. 고구려, 백제, 가야, 신라였다.

'삼국사기'를 쓴 김부식이 신라 중심으로 가야를 편입시켜 가야의 그 찬란한 문화를 말살시켜 버렸다.

그리고 가야가 일본의 식민지였다는 주장은 옳지 않은 것이다.

그러나 옛 사료가 일제강점기를 거치면서 일제의 역사 말살정책으로 모두 불 타 없어지고, 김부식의 잘못된 역사왜곡은 규명하기 어려운 상태다.

이렇게 배운다는 것은 특히 우리 문화를 배운다는 것은 얼마나 소중한 일인가?

나는 젊었을 때는 추구하는 삶을 살았다. 그래서 책을 많이 읽고 사색하기를 즐겼다. 틱낫한의 잘 보내진 하루가 행복한 잠을 가져오듯 잘 산 인생은 행복한 죽음을 가져온다는 명언을 좌우명으로 삼았다.

배운다는 것은 어느 것에 비교할 수 없이 행복하다. 차츰 나이가 듦에 따라 계속 성장하고 싶었다.

바로 그것이 공부하게 된 이유가 된다.

나의 어린 시절

　베란다에서 바라보는 놀이터, 아이들의 집합처, 함께 떠드는 소리가 참새들의 지저귐처럼 요란하고 경쾌하다.
　그들이 놀이에 몰두하고 승부를 가리는 왁자지껄한 소리를 듣는 것은 즐겁다. 남자 아이들은 이렇게 노는데 여자 아이들은 왜 안 보일까? 더 어린 아이들은 엄마가 밀어주는 그네 타기, 미끄럼 타기, 정글 오르기, 그리고 시소를 타는데 초등 4~5학년 또래들은 왜 안 보일까? 학원엘 갔나? TV를 보나?

　그 옛날 우리들은 왕성하게 뛰어 놀며 고무줄놀이, 땅따먹기, 플라타너스 나무 그늘에서 공기놀이했던 것이 얼마나 재미있었던 나의 어린 시절이었던가!
　벚꽃이 만발한 땅에 꽃잎이 하얗게 땅을 덮으면 탱자가시를 꺾어 꽃잎을 가지마다 찍어서 어디서도 볼 수 없는 탱자나무 꽃가지가 되기도 했다.
　여름엔 개울가 깊고 맑은 물에 들어가 홀랑 벗고 개구리헤엄을 마음껏 치고, 예쁜 돌멩이 물속에 던져 놓고 다이빙해서 찾아보기로 시간 가는 줄 모르고 노는데 망보던 애가 "남자들 온다!"고 고함을 지른다. 모두들 쏜살같이 까칠한 삼베옷을 얼른 주워 입고 반대 방향으로 내달린다. 남자 애들은 어느새 물속에 뛰어들어 물싸움, 헤엄치기에 정신이 없다.

우리는 놀이터가 없어도 자연 속에서 즐기는 놀이가 무궁무진하다. 나는 동생이 다섯인 장녀였다. 농사 없이 농촌에서 살고 있는 우리 집은 가난했다. 맏이라서 그럴까? 빨리 철이 든 것 같다. 봄엔 들에 나가 지천에 널린 쑥, 냉이를 미나리와 함께 캐었다.

할머니께서, "야! 우리 손녀가 조막만한 손으로 나물을 많이 캐 왔구나" 하시며 칭찬해 주신다.

그 칭찬이 좋아서 이번에는 토요일이 되면 먹거리를 구하러 바다로 간다. 그 길은 제법 멀었다. 동생들과 이웃 친구들이 어울려 새들처럼 지저귀느라 그 길 끝에 언제 도착했는지…, 썰물이 되어 갯벌에서는 가져올 반찬거리가 많다.

　메밀소라는 긴 길을 만들며 기어간다. 당장 바구니에 집어넣는다. 소라, 조개도 잡아서 바구니에 담는다.

　뻘밭을 걸어가면 꽃게도 기어간다. 잡으면 첫 번째 다리를 탈탈 턴다. 도망가려고 발버둥을 치나 보다. 제법 바구니가 무겁게 될 무렵 밀물이 밀려온다. 동작을 빨리 해서 바구니를 바닷물에 흔들어 씻고는 집으로 향한다.

　어머니가 끓여 주시는 된장국 속에 빨갛게 익은 게들과 소라, 그 맛은 어느 것과도 비교할 수 없이 담백하고 고소하다. 농촌에 살아도 없는 것은 돈을 주고 사야 한다. 땔감, 곡식, 생활필수품 등이다.

　우리가 할 수 있는 것은 땔감 마련이다. 동생과 학교 갔다 와서 산에 간다. 산은 무서웠다. 사람이 없고 너무 조용하고, 무덤들은 그 속에서 귀신이 나올 것만 같았다. 동생과 함께 소나무 가랑잎을 마 발대로 긁어모은다. 우리는 그것을 갈비라고 부른다. 방석 만하게 추려서 소나무 가랑잎을 서로 엉겨 방석을 만든다.

  우리는 태산같이 큰 땔감을 해 온 것 같은데, 훗날 어른들께서 베개만한 것을 이고 힘겹게 오더라는 말에 실망했지만 우리는 초등 3~4학년 정도였다.

  우리가 해 온 땔감으로 밥을 만들고, 국을 끓이고, 빨래를 삶는다. 동생과 나는 가족에게 도움을 준 일을 했다고 뿌듯하기만 했다. 이런 경험들은 흙의 정기가 흐르고 맑은 공기와 서정적인 풍경과 노력하여 얻어지는 조그만 성취감이다.

  훗날 작은 것이라도 소중하고 함부로 행동할 수 없는 이해심 많은 청소년으로 성장하게 해 주었다.

나의 청년기

　조용한 시골에 중학교가 생겼다. 피난 오신 분들이 대광중학교 분교를 만든 것이다. 흙바닥에 고정된 책상과 의자가 있었다. 그해 처음 중학교 학생을 뽑는다고 광고를 냈던 것이다. 피난민 자녀들, 산 넘어서 오는 학생, 배 타고 섬에서 오는 학생 등, 군 소재지에 깡촌의 가난한 학생들이 모여 들었다.
　두 반을 뽑는데 학생들이 넘쳐났다. 산골 시골에 초등학교만 있었는데 우리 때부터 중학교가 생겼다. 나는 시험에 떨어졌다. 그리고 방구석에서 벽을 향해 앉아 소리 없이 울었다.
　그러나 불행 중 다행으로 떨어진 아이들 한 반을 더 모집하여 나에게도 공부할 수 있는 기회가 생겼다. 그 길은 나에게 훗날 행운을 주는 기회가 되었다.
　휴전협정으로 유능하신 선생님들이 서울로 모두 떠나시고 학교는 어려움을 겪게 되었다. 이름도 대광중학교에서 둔덕중학교로 변경되었고, 학생들도 줄어서 겨우 한 반만 남았다. 그러나 가까스로 졸업할 수 있었다.

이제 고등학교가 문제였다. 시골에서 살아갈 근원이 없는 부모님은 부산으로 이사하기로 하셨다. 우리 형제는 5명이 되었다. 부모님과 할머니를 더해 대가족이 된 셈이다. 우선 가족들 중에서 할머니와 나, 셋째 동생이 남기로 했다.

바로 아래 동생은 부산의 공립중학교에 3:1 경쟁을 뚫고 당당히 합격을 했다. 나와 단짝인 동생은 가족과 함께 떠났다. 함께 못간 나와 어린 동생은 너무나 슬펐다. 지금은 수녀님이 된 그 동생과의 이별은 너무나 가슴 아픈 일이었다.

저녁이 되면 호롱불 아래 앉아 아버지에게 편지를 썼다.

"저도 고등학교 가고 싶어요."

그렇게 몇 개월이 지나 할머니만 남겨두고 동생과 나는 그리던 부모님 품에 가게 되었다. 잠깐 동안 도심의 번화한 로터리 귀퉁이에서 부모님을 돕는다고 장사를 했다. 자판기에는 과자, 사탕, 양담배, 뽑기 등이 있었다.

어느 날 중학교 동창이 고등학교 교복을 단정히 입고 책가방을 들고 지나가다 나와 마주쳤다. 나는 너무 부러웠고, 지금의 처지가 비참하게 느껴졌다. 나도 내년에는 어떤 일이 있어도 더 배워야 한다는 생각을 했다. 5개월 정도의 장사는 접었다. 중학교를 갓 졸업한 시골뜨기가 장사를 잘할 리 없었다. 저녁이면 동생들이 과자를 다 주워먹어서 밑지는 장사였다.

우리는 단칸방에서 일곱 명이 살았다. 그리고 영도섬으로 이사를 하게 되었다. 비록 하코방이었으나 가게가 있고, 방이 큰 내 집이 생겼다. 단칸방에서 아들이 태어났다. 그 아기를 업고 모범전과 책을 보면서 고등학교 진학의 꿈을 키웠다.

다음해 3월은 입학 시기다. 2월말 어느 날 나는 겨울비가 주룩주룩 내리는데 아버지의 떨어진 외투를 둘러쓰고 여상고를 찾아 다섯 정거장을 걸었다. 학교는 언덕배기에 있었다. 운동장이 넓은 학교가 너무 조용했다.

교무실에는 선생님들이 책상에 서류를 잔뜩 쌓아 놓고 바쁘게 일하고 계셨다. 의아하게 쳐다보시는 선생님들이 모두 들리도록 큰소리로 "이 학교에 들어오고 싶어서 찾아왔습니다"라고 말했더니, 한 선생님께서 "내년에 와야겠다"고 하신다.

얼떨떨하게 서 있는 나에게 교감 선생님께서 또 한 번 말씀하셨다. 입학 전형도 끝났고, 며칠 후에 입학식이라고 설명해 주셨다.

하늘이 무너지는 절망감으로 땅바닥에 앉아 다리를 뻗치고 힘차게 울었다.

"공부하고 싶어요. 1년을 쉬었어요, 시골에서 왔기 때문에 몰랐어요" 하고 더욱더 소리 높여 엉엉 울었다. 집에 갈 생각을 않고 그 자리에 앉아 일어날 줄 몰랐다. 꿈이 절망으로 바뀌고 눈물이 되어 교무실 바닥을 적셨다. 교감 선생님께서 너무 딱하게 여기셨나? 조그만 것이 너무도 집착하여 안쓰러우셨나? 한참 후 나를 잡아 일으키고는 내일 어머니 모시고 학교로 오라는 것이다.

그렇게 하여 드디어 시험도 치르지 않고 고등학생이 되었다.

3년 동안 열심히 노력했다. 도시락을 싸지 못하고 차비가 없어 걸어서 통학을 해도 좋기만 했다. 그것은 중학교 졸업장 덕분이었다.

3년 후 졸업하기 3개월 전 관공서에서 취업시험 합격 통보를 받았다. 처음으로 합격이라는 두 글자가 나에게 주어진 것이다. 이 얼마나 큰 기쁨인가? 6.25 전쟁을 겪고 나라 형편은 암울하여 취직은 '하늘의 별따기'였지만 나에게는 행운이 찾아온 것이다.

고교 국어 교과서에서 '청춘예찬'을 배웠다. 작가 민태원은 청소년들에게 힘찬 청춘의 역동성을 깨우쳐 주신다.

"청춘! 너의 두 손을 가슴에 대고 물방아 같은 심장의 고동을 들어보라. 청춘의 피는 끓는다. 끓는 피에 뛰노는 심장은 거선의 기관과 같이 힘 있다. 이것이다. 인류의 역사를 꾸며 내려온 동력은 바로 이것이다."

이 글을 읽는 순간 나의 심장도 마구 뛰어 올랐다.

결혼

선을 100번 정도 보았다. 주위에서 소개를 해 준 것이다.

선을 보는 것은 재미있다. 진지하게 남녀가 적당한 곳에 찾아가 이야기를 나누면 그 안에 철학이 있고 삶의 설계가 있다. 그러나 선불리 결정할 문제는 아니었다. 요즘 젊은이들은 동아리나 동호회 모임 등에서 서로 마음에 드는 사람을 만나 연애를 하고 결정짓는다. 나는 그렇지 못했고, 그 당시 대부분은 선을 보았다. 연애결혼이 없는 것은 아니었다.

나의 결혼 연령은 인생의 결혼 적령기를 20대 후반의 끝자락까지 밀어가며 28세가 되었다. 부모님은 보내도 걱정, 있어도 걱정이었다. 육남매의 큰딸이며 아들 격이었고, 직장을 다니고 있으니 경제적 뒷받침이 되었고, 동생들에게 훈육하는 엄한 대장이었다.

아침에 출근하려면 넷째는 구두를 반짝반짝 닦아서 문 앞에 가지런히 놓아준다. 셋째는 설거지를 하고, 나와 단짝인 바로 아래 동생은 세무서로 서로 옷을 나누어 입으며 한껏 멋을 내고 손을 잡고 출근길에 나설 때면 엄마는 우리들의 키가 비슷한 것을 보시고 딸들을 자랑스러워 하시며 보이지 않을 때까지 배웅을 하신다.

그러다 나와 단짝이던 동생은 24세 되던 해 수녀원에 들어간다는 것이다. 동생은 콧날이 오똑하고 갸름한 얼굴로 우리나라 전통 미인형이다. 왜 수녀원에 가려는 것일까?

의논도 하지 않고 동생은 세무서를 다니며 수당을 저금하여 아버지가 운영하시던 이발관 의자를 신형으로 모두 바꾸었다. 구닥다리 의자들이 갑자기 신형으로 교체되어 하얀 빛깔의 빙글빙글 돌아가는 자동의자로 바뀌었고, 뒤로도 젖혀지는 고급의자가 가게 안을 환하게 만들어 완전히 새로운 분위기가 되었다.

어느 해 어머니의 위급한 순간 기도했단다.
"엄마를 살려주시면, 저는 하느님의 딸이 되어 평생 순결과 겸손을 따르며 살겠습니다!" 하고.

어머니는 살아나셨다. 너무도 소중한 그 분은 위급한 상태에서 살아나셨다. 동생은 하느님과의 약속을 지키기 위해 아무도 모르게 차곡차곡 준비해 온 것이었다.

그렇게 동생은 부산 베네딕도 수녀원에 입회하였다. 그리고 나는 짝 잃은 기러기처럼 아무도 보지 않는 곳에서 울었다. 서로 양보하고 싸움 한번 하지 않고 한 이불에서 꼭 붙어서 잠을 자고, 토요일이면 극장도 함께 가고, 맛있는 음식도 사먹으며 지냈는데 너무도 외로워졌다.

동생이 떠난 뒤에도 어린 동생들의 훈육은 내 몫이었다. 부모님은 노쇠해져 가셨고 나의 집안 걱정은 구멍난 독에 물붓기였다. 끝없이 일은 이어지고, 나는 자꾸 나이 들어가고 세월은 흘렀다. 막냇동생 담임이었던 자형이 처남을 소개했다. 그는 두 살 위였고, 프랑스 배우 알랭드롱 같은 얼굴이었다. 눈이 서글서글하고 테너 음성이 고왔다.

그 테너 음성이 나를 사로잡았다. 그는 일반회사 사원이었고, 부잣집 장남이었다. 인연인가 서로 끌려서 만난 지 15일 만에 결혼식을 올렸다.

아버지는 사성을 쥐고 떨고 계셨다. 단지 천주교 신자가 되겠느냐? 그 한 마디로 결정지어졌다. 오류도 다섯 섬이 바라다보이는 아름다운 성당에서 우리는 혼배식을 올렸다.

47년이란 세월과 함께 네 자녀가 태어나는 한 가정의 역사가 시작된 것이다.

자연적인 것과 인위적 감동

가만히 머물러 있어도 감동이 내게 다가온다.

호젓한 마음으로 동 터 오르는 아침 햇살을 본다.

동쪽 아파트 지붕을 통해 강렬한 빛이 점점 붉게 떠오를 때 시원한 바람마저 때에 젖은 마음을 살며시 어루만져 씻어 준다.

오늘의 첫 시작이 어쩐지 기쁜 일이 생길 것 같은 마음으로 설레인다.

길을 걷는다. 시간 맞추어 목적지 도착을 위해 또박또박 재촉하지도 서둘지도 않는 여유로움으로 길을 건너 모퉁이를 돌아 어느새 전철역에 도착한다.

무릎이 아픈 내게 엘리베이터는 나를 위한 탈 것이듯이 이내 도착하여 문이 활짝 열리고 이름 모를 사람들과 나란히 올라타 전철 승강장으로 안내해 주는 고마움으로 흐뭇해지는 감동을 받는다.

전철 안은 조용하다.

종점 다음 역은 앉아 갈 수 있는 행운이 베풀어진다. 편안히 앉아 사르르 눈을 감으면 어느 안방인 양 비몽사몽간에 졸음이 온다.

자연적인 것과 인위적 감동

한참 졸다 깜박 눈을 뜨면 잠시의 단잠에 눈에는 생기가 돈다.

뜻이 같은 사람들과의 대화, 몇 마디 말에도 따스함과 번쩍이는 시골 농부의 지혜와 같은 상큼함, 어느 화가의 가시관을 묘사한 왕관 속에 묻어 있는 철학을 이해할 것 같다.

이렇게 자연적으로 주어지는 감동을 받으면 연못 속의 물고기를 보는 듯한 즐거움으로 마음의 평화가 깊숙이 찾아온다.

어느 날의 일이었다.

볼 일을 보고 전철에 앉아 집으로 가는 길이었다.

갑자기 문가에 서 있던 키 큰 고등학생이 쿵 소리를 내며 넘어지면서 안경이 살에 박혀 얼굴에 상처가 나고 피가 흘렀다.

다들 "아이구, 저를 어째!" 하고 구경만 한다. 나 역시 바로 코앞에서 벌어진 일에 당황하며 쳐다본다. 그 때 중년의 부인이 달려와서 학생을 일으켜 자리 양보를 받아 앉히고 가방 속에서 두툼한 휴지를 꺼내서 피를 닦아 주는 것이 아닌가.

그 학생은 공부하느라 과로한 탓인지 얼굴이 백지장처럼 희다.

그 여인은 어깨를 감싸주고 집이 어디냐고 묻더니 어느 역에서 함께 내려 집까지 바래다주려고 한다.

상황을 지켜보기만 하던 나는 크게 감명을 받았으며 자책감마저 들었다.

왜, 나는 행동하지 못했나?

나의 가방 속에는 휴지는커녕 손수건도 없었다. 그 여인보다 나이도 더 먹었는데 나는 이때까지 무엇을 생각하며 살아왔나?

왜 벌떡 일어나 내 자식처럼 안아 일으켜주지도 못했는가?

나 자신을 원망했다. 그 후로는 휴지를 챙겨 다니지만 그렇게 쓸모 있는 일은 생기지 않았다.

어느 유명 인사가 강연장에서 한 말씀이 생각난다.

자기 삶의 성공 비결은 "어떤 일이 떠오르거나 사건이 생겼을 때 지체 없이 실천하는 삶의 자세였다"는 말이 생각났다.

그렇다. 실천 없는 삶은 어디에도 쓸모가 없다는 것, 직면했을 때 바로 자리에서 일어나 행동으로 옮겨야 한다는 작은 진리를 깨달았다.

우리의 일상생활 중에 적고 많고를 떠나 소소한 일들을 그냥 지나치지 말고 의미를 찾는 눈으로 살핀다면 숱한 세월만큼 자연 발생적 감동은 물론 인위적 감동들도 접할 수 있을 것이라 생각된다.

정신을 가다듬고 반짝이는 일상을 모래 속에서 예쁜 조개껍질을 줍는 행동으로 온 마음 다하여 살피며 살아가야겠다.

누가 시키지 않아도 스스로 하는 자연적 반응과 주위에서 시켜서 움직이는 인위적 반응을 생각해 보게 한다.

행복

흘러간 많은 세월만큼 경험을 통해 얻게 된 것이 있다면, 행복은 과정이며 마음속에 오래 지속된다는 것이다. 찰나적이며 일시적인 것은 진정한 행복이 아닌 잠시의 환희일 것이다. 그렇다면 흔히들 말하는 '행복'이란 무엇일까?

사전에는 '생활에서 흥분한 만족과 기쁨을 느끼어 흐뭇한 상태'라고 되어 있다.

어떤 시인은 "저 산 너머 행복이 있다길래 산을 넘어 찾아갔더니 눈물만 흘리고 되돌아 왔네"라고 말한다.

그렇다면 행복이 어디 있다는 것일까? 사람들은 평범한 것에서 행복을 찾으려 하지 않는다. 지천에 널려 있는 수많은 클로버 잎은 보통 세 개가 달려 있다. 세 잎은 행복의 뜻이 담겨 있고, 네 잎은 행운이란다.

100개 중에 하나 있을까 말까 하는 네잎클로버를 찾기 위해 온 정신을 집중하며 드디어 네잎클로버를 찾아냈을 때 행운을 손에 쥔 듯 기뻐하게 된다.

행복

　네잎클로버가 행복한 운수, 좋은 운수라면 위의 행복이나 좋은 운수나 다 같은 말이 아닐까 생각된다.
　사람들은 귀하지 않은 것을 더 소중하게 여기는 것이 '인지상정人之常情'인 것 같다.
　그럼 나의 행복관은 무엇일까?
　젊은 시절, 갓난아이를 안고 젖을 먹일 때 행복을 느꼈다.
　단지 내가 아이 양육을 위해 내어준다는 것이 아니라 아이가 온 우주를 빨아들이듯이 있는 힘을 다해 내 몸의 진액을 송두리째 가져가는데도 짜릿한 그 행복감은 커다란 기쁨이 되어준다.

　내겐 연년생 아이 셋과 한 살 차이인 아이까지 모두 네 아이가 있다. 자라면서 서로 싸우고 울고불고, 배가 고프면 칭얼대고, 기분이 좋을 땐 재잘거린다.
　단 1초도 눈을 뗄 수 없을 만큼 불안하여 나의 모든 촉각을 집중하게 된다. 그렇지 않으면 아이들에게 위험이 따르고 잃어버릴 수도 있기 때문이다.

  그러나 하루해가 저물어 곤히 잠든 천사들의 모습을 바라보며 마냥 흐뭇하고 하루의 무사함에 안도와 행복이 밀려온다.

  이제는 모두가 장성하여 가정을 거느리는 가장이 되고 자녀들의 엄마가 되어 의젓하게 살아가는 모습을 바라보며 내 할 일을 끝냈다는 안도를 느낀다. 그러나 세월의 흐름만큼 나에게 삶의 무게도 가져다준다. 이것이 거부할 수 없는 자연의 순환이며 삶을 완성해가는 행복이리라.

  그러나 젊었을 때의 삶에만 있는 것이 아니라 노후의 삶 속에도 행복은 있다. 숱한 사연들을 뛰어넘으며 살아왔다는 나만의 자부심과 감사함이 행복이다.

  신은 온갖 풍파 속에서도 두 손을 잡아주시며 갈 길을 가르쳐 주신다. 그 길은 행복한 길이고 사랑의 길이었다. 걸을 수 있는 힘이 있는 한 더 좋은 세상을 꿈꾸며 기쁜 마음으로 감사하며 나아갈 것이다.

남편에게

아련히 떠오르는 님이시여!

가뭄으로 갈라진 논바닥을 보고 목이 타서 물을 마셔 보지만 갈증이 가라앉지 않습니다.

열대야로 사람들은 헉헉대지만 특별한 대책도 없습니다.

하늘을 올려다봅니다.

미세먼지와 황사로 시야가 뿌옇게 앞을 가리면 매스컴에서 외출을 삼가고 마스크를 쓰라고 주의를 주지만 그것도 힘든 일입니다

그러나 이제 하늘은 맑고, 구름 한 점 없이 햇빛이 쨍쨍하게 내리쬐여 따갑고 예삿일 아닌 가뭄도 견딜 수 없게 합니다.

애타게 기다리던 비가 쏟아집니다.

굵은 빗줄기는 더위를 가라앉히고, 퍼붓는 폭우는 물로 뒤범벅이 되고, 홍수로 소중한 많은 것들이 떠내려갑니다.

한치 앞을 알 수 없는 우리 인생도 비우고 채우며 흘러흘러 떠내려가고 있습니다.

이른 아침, 조금 멎은 비를 피해 우산을 들고 집을 나섭니다.

산으로 갈까? 천변으로 갈까? 배부른 결정을 서두르다 산의 둘레길을 택했습니다.

수술한 한 쪽 다리를 이끌고 녹음이 우거진 나무 아래로 천천히 걸어 보았습니다.

숲의 리더 도토리나무, 평화를 꿈꾸는 상수리나무 아래로 물을 머금은 상큼한 숲속에서 소곤소곤 속삭이는 자연의 소리가 들려옵니다.

"야 너 오랜만이다. 천변만 걷더니 오늘은 웬일이냐? 너는 이곳에 오면 본전을 다 챙기고 가더라. 훌라후프도 돌리고, 비치된 기구들을 몽땅 타 보고, 머리는 하얘가지고 건강을 위해 몸을 이완시키고 열심히 진지하게 잘 살아가고 있네. 암~, 그 나이에 아무렇게 살면 안 되지."

남편에게

　사람들은 짝을 지어 산을 오릅니다. 나도 언젠가 짝이 있었지.
　함께 여행하고, 손을 꼭 잡고 영화를 보러 가기 위해 지하철을 탔었지. 솜씨 좋게 운전하는 멋진 사람 옆에 앉아 신이 났었지. 번쩍번쩍 멋진 오토바이 뒤에 앉아 어지러워 눈을 감고 허리를 꼭 감싸고 앉았었지. 세상에서 제일 큰 배 크루즈를 타고 잉크빛 지중해를 항해하면서 즐거워했었지….

　결혼주례로 '검은 머리 파뿌리 되도록 서로 사랑하라'고 당부했건만, 어느새 세월이 흘러 파뿌리가 되고 보니, 인생의 뒤안길에서 우리는 서로 헤어져 외롭게 방황하고 있네요.

　숲 속의 키가 큰 나무도, 오랫동안 한 곳에 깊이 뿌리를 내리고 묵묵히 하늘을 향해 많은 세월을 견디며 제자리를 지키고 있는데….
　우리의 따뜻했던 보금자리는 도대체 어디로 가버렸나요?
　탐스럽게 열리던 감나무, 봄을 장식하던 하얀 목련화, 진한 향기를 머금은 모과나무, 그 많던 살림살이들이 허망하게 사라져 이제는 높은 빌라가 우뚝 서서 흔적도 없이 사라져 버렸어요.

붉은 벽돌과 지붕, 멋진 대문, 자동차 차고문, 그 품격 있던 집안에서 알토란같이 예쁜 우리의 자식들과 '희로애락喜怒哀樂'을 함께 하며 알뜰살뜰 행복을 가꾸며 살아왔습니다.

더 거슬러 올라가면, 낯설고 정들지 않는 곳 단칸방에서 6개월이 멀다 하고 옮겨 다닐 때에도 오직 당신 하나만을 바라보며 행복해 했었습니다.

세월이 흘러, 중년에서 노년이 되고 호호노인이 되어도 당신은 나만을 사랑하리라 믿었는데 그대는 안온한 둥지를 털어버리고 훨훨 날아서 어디로 가버렸나요?

이제 인생의 황혼길에 서서, 살아온 삶을 돌아보며 남은 삶을 정리해야 하는데….

남편에게

비온 뒤 찬란한 햇살 아래서 당신과 손잡고 함께 걸어갈 수 있다면 얼마나 좋을까요?

자식들에게 마음의 찌꺼기를 걷어내고, 친척들의 웃는 얼굴을 당신과 함께 보고 싶습니다.
구천에 계신 부모님들께서도 기뻐하실 수 있게 말입니다.
많은 사연과 아픔도 있었지만, 그래도 당신은 나에게 하느님께서 짝지어 주신 소중한 남편입니다.

상념에 젖어있던 내 마음이 맑은 산의 정기를 받고 나니 집으로 향하는 발걸음이 한결 가벼워집니다.
'희망을 잃지 말라'는 나무들의 소리를 당신도 들을 수 있기를 진심으로 바랍니다.

– 2017년 7월의 어느 날에 데레사 드림

여름 휴가

    8월 8일 오후 4시경 우리 가족은 모처럼의 휴가를 가졌다.
    우리 가족은 여섯 명이었으나 각각 일들이 있어서 큰 아들과 우리 부부만 여름휴가로 인천 영종도를 향해 떠났다. 다른 셋은 해군, 직장인, 영화 연출인 등으로 각각 주어진 일들이 있어 함께할 수가 없어 서운했다.
    우리는 차를 타고 과자와 오징어를 먹으면서 날씨는 청명하고 길도 막히지 않아 인천 월미도까지 쉽게 도착할 수 있었다.
    시장에서 가제미 마른 것과 조개젓, 알젓, 오이를 반찬으로 샀다.
    차와 사람을 함께 싣는 특수한 배를 타고 섬으로 들어갔다.
    오랜만에 바다내음과 갈매기를 보며 마음의 여유를 느꼈다.
    여유라고는 없고 생활에 찌들어 온 나에게는 절호의 기회였다. 영종도, 특별할 것 없는 우리나라 서해 쪽의 섬, 신공항을 만드느라 여기저기 다리를 놓고 산을 깎아내리고 길을 포장하여 우리나라의 미래가 보이는 곳, 갯벌을 막아 도로를 뚫은 시원한 도로를 한참 달려 일왕해수욕장에 도착했다.

시장처럼 사람의 물결이 넘치고 바다는 복잡하고 사람은 넘쳐나고 있다. 우리는 회를 시키고 매운탕을 주문하여 저녁을 사먹었다. 그리고 민박을 구하고 짐을 풀었다. 각자 바쁘게 사느라 피곤하던 차에 저녁을 먹었으니 잠이 쏟아졌다.

남편과 큰아들은 코를 골고 자고 있었다. 나는 그 소리를 자장가 삼아 잠이 푹 들었다. 뒷날 늦게까지 잤다.

아침을 해 먹고 우리는 바다 구경을 나섰다. 많은 사람들이 텐트를 치고 더위를 피해 즐거운 시간들을 보내고 있었다. 멀리까지 바닷물은 빠지고 물놀이하느라 꼬마 젊은이들이 한창이다.

두 시간 정도 둘러본 해수욕장은 어디서나 볼 수 있는 반달형식, 곳곳에 갈구리가 산재하여 다정한 맛을 두지 않았다. 그것은 정부로부터 고기잡이 못한 보상을 받으려고 시위하고 있는 것이라 한다.

민박에 돌아와 보니 큰아들은 아직 자고 있었다. 오랜만에 실컷 잤단다. 방을 깨끗이 청소하고 우리는 월왕해수욕장엘 가보았다.

호수처럼 잔잔한 바다와 조용한 시골이 마음에 꼭 들었다.

아들이 가야 할 시간이 다 되어 서둘러 차안에서 수영복으로 갈아입고 바다로 들어갔다. 바닷물이라 수영도 잘 되고 날씨가 좋아 기분이 너무 좋다.

나는 항상 하는 시골에서 해온 개구리헤엄으로 오고 가고 신이 나서 기분이 너무 좋았다. 지금 이 순간 물속 수영을 좋아하는 나는 무엇에 비길 수 없이 행복하고 소중한 순간이었다.

2시간 정도 물속에서 수영을 하고 큰아들은 갈 시간이 다 되어 급히 차를 몰아 연안부두까지 데려다 주고 왔는데, 그 틈에 어제 그 민박집은 방이 나갔단다.

하는 수없이 낮에 수영했던 호수 같은 바닷가로 가보았다. 조용하고 방은 많았다. 좋은 시설은 아니었으나 바로 바닷가에다 하루 3만 원으로 계약을 하고 여장을 다시 풀었다.

무덥고 잠이 잘 오지 않았다. 뒷날 아침을 해 먹고 남편과 둘이서 동네 구경을 했다. 햇살이 내리쪼이는 여름 뙤약볕을 맞으면서 모자와 선글라스로 얼굴을 가리고 걸었다. 그곳은 비행장 만드느라 막혀 있어서 우리는 약 2㎞를 걸어갔다가 전형적인 농촌과 탁 트인 들판을 바라보면서 되돌아왔다.

　오면서 감잎을 따다가 삶아서 쌈을 싸고 감잎차를 끓이고, 바지락을 삶아서 국물에 국수를 말아먹었다. 오후 바닷물은 멀리 나가고 우리는 게잡이를 하러 갔다. 돌멩이를 일으키면 바글바글 본장게가 와글거렸다.

　열심히 잡아와서 삶아서 그 물에 국수를 말고, 게는 다리를 떼고 고추장에 졸였더니 훌륭한 찬이 되었다. 와삭와삭 고소한 그 맛, 남편과 하는 시간들이 즐겁고 귀하게 여겨져서 참 행복했다.

　우리는 해 지기 전 바다에서 수영을 하고 사진을 찍고 마음껏 놀았다. 나는 바닷물 속에서 헤엄치는 것이 얼마만인가? 참으로 즐거워 인생의 진미를 느끼며 자연 속에서 뛰놀던 어린 시절이 연상되어 아련한 행복감에 젖었다.

　몸을 헹구고 저녁을 해먹고 파리를 쫓아내고 잠자리에 들었다. 바다쪽으로 옮긴 방은 훨씬 시원했으며, 파도소리 들으며 꿈나라로 갔다.

11일 아침이었다. 13일까지 휴가였지만 정서적 취향이 아닌 남편은 심심하다고 오늘 가자고 한다.

나는 앞으로 일주일 더 있어도 좋겠는데 벌써 가자고 한다.

그러면 한 번 더 수영하고 점심 해 먹고 가자고 제안했다.

우리는 나의 제안을 허락한 남편 덕분에 다시 바닷속으로 들어갔다. 나는 신이 나서 물에서 나올 줄 몰랐다.

그렇게 물속에서 노는 것이 바다의 여울을 따라 몸을 출렁이며 수영하는 것이 참 좋았다. 그리고 그 바다를 너무도 좋아하는 나 자신을 발견하고 놀랐다.

뭍으로 올라와 남은 음식을 알뜰히 챙겨 먹고 남편이 낮잠을 즐기는 시간, 또 나는 수영을 했다. 나에게 주어진 소중한 이 시간, 나는 마음껏 수영을 즐겼다. 멀리 수평선 쪽에서 배가 지나가고, 수영객이 줄어든 바다는 조용했고 날씨는 잔잔했다.

이런 시간이 나에게 주어짐을 주님께 감사드리며 돌아오니 남편은 갈 준비를 하고 있었다. 몸을 씻고 챙기고 청소를 하고 오는 도중 가스 계기가 고장났으나 무사히 집에까지 잘 돌아왔다.
  행복은 마음에 있는 것, 인생의 가치가 성실하게 자신의 일을 하는데 있음을 깨닫고, 모처럼의 휴가를 남편과 함께한 것은 얼마나 소중한 순간들인지, 그것은 맑은 햇빛 아래 산책할 때처럼 기쁜 마음이었다.

내 작은 숲속

제 4부

엄마 마중
독후감 '칼의 노래'
그는 왜 그랬을까?
터널
먹거나 말거나
영정 사진
책 속에서 길을 찾다
그리운 이름
이 여자

엄마 마중

서산에 둥근 해가 예쁜 풍선이 되어 둥실둥실 넘어서 간다. 산과 하늘이 불그레 물들어 온 세상이 도화지 속 수채화처럼 환하다. 그 환한 빛을 받으며 홍얼거리는 어린 동생을 등에 업고 눈이 똘망한 큰 동생은 손을 잡고 엄마 마중 나가는 세 아이의 얼굴도 불그레 물들었다.

'왜? 이리 안 오노? 울 엄마.'

동네 어귀 학교 옆 낮은 언덕으로 세 아이가 아기장 아기장 걸어가고 있다. 들녘에서 돌아오는 동네 이웃들.

"야들아! 춥다. 집에 들어가거라."

눈물이 핑 돈다.

"울 엄마 마중가요."

"애기가 애기를 업었네. 쟈는 일곱 살인데 왜 저리 작노?"

저 멀리 바라다보이는 논길 사이로 쭉~ 뻗은 신작로길, 산허리 돌아서 점같이 작은 사람. 움직인다. 가까이 다가오는 검은 치마 흰 저고리.

"야! 옴마다."

눈이 떨어져라 보고, 또 보고, 가까이 다가온 흰 저고리 검은 치마. 엄마보다 훨씬 할미다.

"아앙, 옴마 아니다, 옴마 이이야! 옴마야!"

실망감에 합창하듯 소리 높여 울고 또 울고….

아가들 울음소리가 땅거미져 가는 휑한 들녘.

찬바람과 함께 멀리멀리 퍼져 나간다.

싸하니 서러워진다.

"자야! 우리 따신 방에서 엄마 기다리자! 응 엉가야."

등에 업은 아가는 자고 있고, 큰동생은 언니 손을 꼭 잡는다.

이 한 마디가 서로 위안이 되고 용기가 된다.

지금 막 방에 들어가는데 등 뒤에서 엄마 목소리가 들린다.

"순아! 우리 아가들아!"

다정한 우리 엄마 목소리, 반가워서 목청껏 불러 본다.
"엄마야!"
엄마 품에 안겨 서러움에 겨워 흘러나오는 소리.
"아— 앙— 앙."
참았던 서러움이 달아나는 저녁노을처럼 사방으로 메아리쳐 흩어져 가고 있었다.

독후감 '칼의 노래'

- 김훈 장편소설 《칼의 노래》를 읽고

  이순신, 말만 들어도 저절로 고개가 숙여지는 이름이다.
  위기에 처한 나라를 걱정하는 마음을 조정에서는 몰라주었다.
  왕의 주위에는 그토록 훌륭한 인물을 어김없이 쳐내는 마음 아픈 현실 속에, 눈앞만 쳐다보는 정치인들은 소중한 인재를 감옥에 가두어 버렸다.
  이유는 명령 불복종이었다. 썰물시기로 바닷물이 빠져 나가는 해상에서 일본을 상대로 싸울 때가 아니라는 장계를 올렸으나 그것을 이유로 감옥에 가두어 버린 것이다.
  그는 머리가 출중하여 한산대첩, 개나령 등 임진년 왜의 침략 후의 무수한 전쟁을 통해서, 배를 일자형으로 전진하여 사다리형으로 펼치며 적과 대응한다.
  거점은 섬을 이용하여 일부는 숨어 있고 동태를 살펴 출정하는가 하면, 숨어 있던 배들이 후미를 들이치고 불화살로 적의 배를 태우고 나중에는 짚단에 불을 붙여 육박전을 벌인다.
  그는 시인이다.

"한산섬 달 밝은 밤에 수루에 홀로 앉아
큰 칼 옆에 차고 깊은 시름 하는 적에
어디서 일성호가는 남의 애를 끊나니."

젊은 나이부터 58세로 죽기까지 싸웠으나 조정에서는 싸우는 군인들에게 먹을 것도 내리지 않았다.

스스로 먹을 양식을 구해 가면서, 또 내년에 먹을 것을 저장한다. 콩을 쑤어 된장을 띄워서 몇 가마의 장을 담아서 땅속에다 저장한다. 무시래기는 가을에 백성이 추수하고 버린 것을 주워다 많은 양을 엮어서 보관한다. 그 재료들은 지역주민들에게 힘든 일을 도와주고 그 대가로 얻어들인다. 또 이순신이 나라를 위해 싸우는 모습을 본 주민들은 아낌없이 농사지은 양식들을 제공했다.

이 얼마나 갸륵한 일인가. 끊임없이 침략해 오는 왜군들을 상대로 전쟁을 하고, 또 군인들 먹을 양식까지 걱정하고 마련해야 하는 현실만 보아도 이 나라 꼴이 어떠했는가. 그는 나라를 사랑하는 애국자였고 그것을 진심의 눈으로 바라보지 못하는 꼴이었다.

나 또한 조금은 공감되는 일이 기억난다. 어려운 시절 무청을 부잣집에서는 무를 자르고 대문 밖에다 산더미처럼 버리는 것을 보았다. 나는 외출하고 돌아가는 길에 너무나 아까워 그냥 지나칠 수가 없었다. 긴 목도리를 풀어서 무청을 묶어서 이고 집으로 가서는 부드러운 것은 김치를 담그고 조금 센 잎은 벽에 매달아 둔다. 성지순례로 시골에 갔을 때였다.

가을걷이 무는 들이고, 잎은 밭에 태산처럼 버렸다. 농부들은 그 잎을 버린다는 것이다. 나는 발길이 떨어지지 않았다. 헌 짚가마니를 얻어서 거기다 채곡채곡 쌓이게 넣었다.

너무 무거워 성지를 걸으면서도 가마를 질질 끌며 뒤따라가면서 순례를 마쳤다. 순례 버스에 싣고 성당까지 와서 가족들에게 가져가 달라고 했다.

그것을 엮어서 매달았더니 10줄이 넘어 겨울양식 준비를 잘한 것이다. 그것을 삶아서 들깨를 갈고 체에 받쳐 된장과 멸치를 넣고 국을 끓이고 일부는 볶아서 도시락 찬으로 넣었다. 아이들은 꿀맛 같다고 잘 먹고 맛있어 했다. 들깨를 넣은 국은 소고기국보다 더 맛있었다.

그것은 절약도 되고 영양식을 먹을 수 있으니 일거양득이었다.

이렇게 소중한 음식을 이순신은 미리 내다볼 줄 안 자상한 지휘관이었다. 앞을 내다보고 양식까지 비치했으니 그는 시인이었고, 자상한 지도자였다. 장군으로서 훌륭한 선견지명으로 이 땅을 침략해 오는 무수한 적군들을 바다 한가운데서 처부수었다.

그는 시대의 암울함을 시조를 읊으면서 홀로 삭히고 괴로워했다. 먹을 것이 다 떨어졌을 땐 산속으로 피신시켰고, 수없이 굶었으며 어쩌다 먹을 것이 생기면 부하는 주지 못해도 자신은 먹었다. 혼자 살기 위함이 아니라 지휘자가 배고파 쓰러진다면, 그것을 적이 안다면 어떻게 하겠는가?

우리의 전쟁은 언제나 적의 침입에 의해서 이루어졌다.

그것은 국토방위였다. 왜적은 이 나라를 침범하여 자기 것으로 만들기 위해 바다와 육지로 시시탐탐 노렸고 끊임없이 쳐들어왔다.

그들은 우리의 기름진 땅을 탐했다. 도요토미히데요시는 권력을 장악하고 이웃을 쳐서 대국을 만들 야망으로 우리를 거침없이 쳐들어왔다. 우리는 미리 사신을 보내서 전쟁을 일으킬지를 염탐했다. 염탐꾼 둘중 하나는 전쟁의 위험은 조금도 없으니 안심하라고 임금님께 아뢰었고, 한 사람은 전쟁이 일어날 조짐이 보이니 준비해야 한다고 보고했다.

그러나 조정은 옳은 말에 귀를 기울이지 않고 무사안일한 쪽에 귀를 기울이고 애써 재앙을 외면하는 꼴이 되었으며, 대비책도 없었다.

"그들은 안 올 것이다."

애써 진심을 외면하고 믿지 않으려 했다. 그러나 그들은 끝내 쳐들어왔고 죄 없는 백성들은 대책을 세우지 않은 나라의 임금 탓으로 무수한 백성들은 잡혀서 죽고 보이는 대로 죽임을 당했다. 젊은 이들은 끌려 가서 최전방의 활받이로 이용되었다.

우리는 너무 미약했다. 무사안일하고 당파싸움과 궁중 불안에다 남이 잘 되는 것을 못 봐주고 상대를 의심하고 믿지 못하는 대책없는 나라꼴이 되었다. 윗물이 맑지 못하니 아랫물도 맑지 못했다.

많은 군인들과 조정은 끝없는 살상과 자기보호를 위해 똑똑한 백성은 제거했다.

지금 현실의 정치도 어찌되고 있는가? 국회는 싸움으로 회의를 제대로 못하고 정치인들은 서로 헐뜯으니 이래서야 나라가 어찌 발전되겠는가? 적들은 후방과 아군을 정탐하고 전쟁을 하기 전에 살피는데 똑똑한 그를 역적으로 몰았고, 이순신 장군은 임금의 손에 죽느니 차라리 적과 싸우다 최후를 맞자. 어느 지점이 자신이 죽을 곳인가를 생각했다.

히데요시도 죽었다. 모든 전쟁이여! 이 세상은 헛되도다, 하면서 일본의 대장도 죽었다. 그들은 전쟁을 종식하잔다. 그리고 철수명령을 내렸다.

이순신 장군의 울분은 왜군을 고히 보내줄 수 없었다. 돌아가려는 그들을 격퇴했다. 마침내 나라를 위해 끝까지 장렬히 싸우다 이순신 장군이 총에 맞았다. 그는 숨이 끊어져 가면서, 내가 죽었다는 말을 하지 말고 끝까지 싸워라. 차츰 몽롱해져 가는 정신 속에서 나를 저 바다에 던져달라고 말하고 싶었으나 말이 나오지 않는다.

 차츰 의식은 희미해지고 이승을 바다 한가운데서 하직한다.

 그의 순수성과 속마음의 깊음이 조정과 하나 되지 못함을 안타까워했으며 전쟁 중에 틈틈이 그의 내면을 글로써 표현했고, 난중일기, 시 등의 글을 남겼다. 그는 우리나라의 보물이며, 우리의 자랑스런 역사의 산증인이다.

 불굴의 정신과 진실한 마음과 부하를 사랑하고 바다의 물결을 이용하여 적을 바닷속으로 쳐넣는 지혜롭고 자랑스런 우리나라의 큰 인물이었다.

 이 분은 고귀하고 용감하고 불의를 용납 못하는 지혜로운 위대한 우리나라 큰 인물이었으니 어찌 소홀히 넘길 수 있겠는가?

 후손들이여, 이순신 장군을 본받자! 이 나라를 지키는 훌륭한 일꾼들이 되자!

그는 왜 그랬을까?

　어느 날 동생한테서 전화가 왔다. 그 내용인즉 지금 너무 아파 먹지도 못하고 몸무게가 32kg으로 줄어들었다. 밥맛이 없어 먹지 못한다고 하소연한다.
　얼마나 다급하면 언니인 나에게 전화를 했을까. 급한 마음으로 다음날 이른 아침 동생에게 갈 준비를 했다.
　1월 중순 치고 몹시 추운 겨울 날씨에 바람도 쌩쌩 불어 더 춥게 느껴지는 날씨를 보이고 있었다. 비교적 큰 끌개가방은 오래 되어 낡았다. 그것을 끌고 급한 마음으로 대형 마트로 향했다.
　전날 쑨 깨죽은 비교적 큰 비닐통에다 담아서 가방 밑바닥에 깔았다. 아침이어서 마트엔 싱싱한 식품들이 많았다. 감자, 고구마, 토마토, 사과, 포도, 바나나 등 눈에 보이는 식품과 과일들을 골라 담았다. 그곳에도 식품가게가 있겠지만 찾아가기도 힘들어 아예 먼 곳인 이곳에서 구입했다.
　가방은 무거워 끌고 가는 데도 힘들었다. 오로지 못 먹는 동생을 먹여야겠다는 일념으로 그 무거운 것을 80대 중반이 된 나는 무거운 줄도 모르고 최후의 에너지를 다 끌어냈다.

내가 가져간 죽과 함께 이것을 먹고 살아나야 했다.

날씨는 왜 이리도 추운가. 바람은 쌩쌩 불고 살을 에이는 추위였다. 그러나 전철을 이용한다는 것은 큰 행운이다.

상계동에서 4호선을 타고 가다 충무로에서 3호선으로 갈아 탔다. 그리고 3호선 수서역에서 분당선으로 갈아타는 길이 문제였다. 계단은 절대 안 된다. 길눈은 서툴고 엘리베이터를 골라 타야 한다. 얼마나 감사한가. 우리나라 교통수단 말이다.

눈을 크게 뜨고 엘리베이터만을 골라서 타고, 모르면 주변의 내 조국 형제자매들이 모두가 길잡이가 되어주었다. 3시간 정도 소요된 후 분당에 내렸다. 주소를 손에 꼭 쥐고 또 버스를 타야 했다.

이제는 에너지가 소진되어서 택시를 타야 했다. 그 근처에 살고 있는 막내아들에게 전화했다. 혹시 데려다주려나, 그 아이는 감기가 심하게 걸려 있었고, 며느리가 나왔다.

며느리는 손을 호호 불면서 분당 전철역 정거장까지 와서 함께 짐을 들고 에스컬레이터로 올라 택시를 잡아주고 짐을 짐칸에 함께 들어서 실어주고 돌아갔다.

그리 멀지 않은 목적지에서 내렸다. 추운 바람이 뺨을 스쳤으나 내 가야만 하는 집념은 추위 따위는 아무것도 아니었다. 나의 작은 짐수레는 잘도 굴러주었다.

세 개의 연립집 중 전에 가본 비슷한 곳을 향해 계단을 올랐다.

1층에서 2층으로, 2층에서 3층으로 오른다. 계단을 힘들게 올라 초인종을 눌렀는데 다른 사람이었다. 주소를 보여주니 바로 앞집이라 한다. 무게가 얼마나 되었는지 너무 무거웠다. 내려와야 했다.

경사진 계단은 무거운 것을 끌고 내려오기는 올라가는 것보다 더 힘들었다. 거꾸로 곤두박질 칠 것 같았다.

한 발짝 한 발짝 짐을 옮기며 마음 속으로 기도드렸다.

'주님, 이 짐이 무사히 목적지에 도착할 수 있도록 도와주소서!'

나는 가리키는 또 다른 건물을 향해 천천히 아주 천천히 올랐다. 그 집은 동생 집이었다. 동생 마리아는 해골처럼 말라 있었다. 제부와 함께 늦은 점심을 먹고 있었다.

　무사히 도착하여 안도의 숨을 내쉬었다. 그리고 죽을 꺼내서 먹으라 권하고 가져간 짐을 다 밖으로 옮기고 보니 내가 봐도 많았다.

　"언니! 이것을 어찌 가져왔냐"고 동생은 말했다.

　그러나 힘든 과정을 무사히 성공시킨 마음으로 뿌듯하였다. 감사기도는 드리지 않고 만남의 기쁨이 앞서지 않는가. 이렇게 인간은 성취하고도 고마움을 잊어버린다. 도저히 불가능한 일을 그분께서 도와주셨는데 그 한순간 은혜를 까먹고 말았다.

　제부는 인사도 없이 식탁에서 밖으로 나가더니 곧 돌아와서 큰 소리로 "왜 왔어요?"라며 고함을 질러 나를 놀라게 하였다.

　나는 아연실색하여 그를 바라보았다.

　"이렇게 찾아오는 것 원하지 않아요. 그러다 넘어지면 그 책임은 누가 집니까?"

　그 소리에 동생이 소리쳤다.

　"왜? 그렇게 말하느냐?" 그러면서 울었다.

그는, "다 필요 없어. 이것 다 가지고 빨리 돌아가요" 하더니, "저 집은 내외가 다 마음에 안 든다. 수녀원에는 왜 편지를 써서 바쁜 수녀님들께 쓸데 없이 글을 보내시오. 보기 싫으니 빨리 가요."

큰 소리로 윽박지른다. 원수에게도 그렇게는 못할 것이다.

나는 그때 날벼락을 맞은 듯 아무 말 없이 서있었다.

머리는 백발인 이 할미가 찬바람이 쌩쌩 불어대는 이 영하의 날씨에 아닌 밤중에 홍두깨를 맞은 듯 처참했다.

나는 이 가정에 무슨 잘못이 있었는가, 생각해 보았다.

동생은 힘없이 신음했다. 나는 기도라도 드려주고 싶어 안방에 누워 있는 동생의 손을 잡고 빠른 완쾌를 구하며 주님께 기도드렸다. 집에서 그 아이를 위해 미사도 봉헌했다.

그는 이곳까지 따라와서 외친다.

"기도는 무슨 기도, 빨리 나가요."

그 기세가 한 대 칠 것 같았고, 꼭 마귀를 만난 듯 두려웠다.

'그는 왜 그랬을까?' 두고 두고 생각해 보아야 했다.

지난 오래 전 그 동생한테서 전화가 왔었다.

"셋째 딸이 지금 울산에서 여행 가방을 들고 언니네 집을 향해 출발했으니 그리 알아라."

얼마 후 곧 도착할 것이라고 말하고 전화를 끊었다. 미리 연락을 했으면 오지 말라고 했을 것이다.

나는 말이 별로 없는 편이다. 그래서 오해를 받고 남편으로부터도 함부로 대하는 일이 종종 있다. 나의 고유한 성격과 상대방의 이해 못할 행동에는 대화가 잘 안 되는 편이다.

나의 하나뿐인 딸은 결혼생활이 원만하지 않았다.

그래서 늘 노심초사 걱정을 안고 있는 중이다. 세 아들 중 둘은 군대 갔고, 그중 큰아들은 집에서 훈련소까지 출퇴근하는 군인이었다. 특수한 훈련으로 유명한 군인이었다.

저녁에 집에 오면 발바닥에 온통 물집이 생겨 바늘에 실을 꿰어 발바닥 입구에서 뒤축까지 통과하면 물집이 터지고, 발은 부었던 곳의 물이 빠진다. 군복을 갖추어 입고 어김없이 토요일까지 부대에 복귀하고 저녁 때 집으로 돌아온다.

하루는 뙤약볕에 보병이라는 직책으로 보행을 하면 땀이 비 오듯 하여 소금을 준단다. 더위를 먹고 쓰러지는 것을 방지하기 위해서란다. 몇몇은 소금을 먹지 않고 훈련을 하다가 쓰러졌는데 병원에 옮기는 중에 숨졌다고 한다.

우리 남편은 화를 잘 다스리지 못한다. 그리고 화를 올리면 내려올 줄 모른다. 그럴 때는 집안에 비상등이 켜지는 것이다. 50대 중반에 들어선 우리 부부의 생활은 늘 바쁘다. 성격이 고약한 남편은 화를 너무도 잘 냈다.

어떤 일로 의논해 오는 경우가 있다. 나의 생각과 그의 생각은 너무나 달라서 내 의견을 말하면 어째서 반대인지 설명해 보라고 윽박지르고 때때로 손도 올라온다. 그러면 주눅이 든 나는 아무 말도 못한다. 큰 손으로 주먹을 쥐고 주로 머리를 때린다.

한 번은 머리가 핑 돌고 이상해서 병원엘 가서 X-ray를 찍었더니 의사는 상처가 큰데 왜 때렸냐고 분노하면서 고발하라고 말한다.

더 젊었을 때는 억울해도 호소할 길도 없었다. 이제는 법도 발전되어 결혼 30년쯤 세월이 흐르니 가정법도 억울함을 참지 말고 법에 호소하면 보호를 받는다고 말해 주어 위안이 되었다.

　이런 난폭한 남편과 좁은 집에 다 큰 아들 셋이 있고, 나는 가정형편상 흑염소 집을 하느라 하루하루가 설명할 수 없이 바빴다. 또래 아들도 있고, 좁은 한 공간에 있는 것이 위험하고 염려되었다.

　이런 시점에 울산 동생 딸이 취업을 위해 아무 통보도 없이 우리 집에 온다니 신경이 쓰였다.

　일주일 정도 지났는데 그 아이는 그냥 집에 머물러 있었다.

　친구가 자취를 한다는 말에 "거기 가 보는 게 어떠냐?" 물었더니 당장 가방을 싸서 나가버렸다. 마음이 편치 않았으나 우리 형편이 여의치 않았던 것이다.

　그래도 이모인 내가 책임을 져주어야 했는데 무정하게 쫓아버렸다. 두고두고 마음 편하지 않았다. 그렇게 비정한 사람은 아닌데 그 때는 참 힘들었다.

지금이라도 그 상황이었다면 어쩔 수 없었으리라. 그즈음 아이들 학교 뒷바라지를 하고 생활고에 허덕이며 모두들 힘들게 살아내고 있었다. 그 동생의 큰 딸이 수녀원에 가게 되었다. 그의 아버지는 천주교 신자가 아니니 괴로웠다. 수녀원에 가지 마라. 너는 내가 가장 사랑하는 딸이라 하면서 그의 아버지는 몹시도 괴로워하는 소식을 들었다. 나는 언니라고 위안한다는 것이 아무 효과도 없었다.

"우리는 모두 성당에 나가고 있으니 집안의 경사입니다. 처음에는 괴롭지만 세월이 흐르면 그 딸이 얼마나 소중한 행보를 한 것인지 알게 됩니다" 하고 위로의 편지를 썼다.

당장 소식이 왔다.

"지가 뭔데 이래라 저래라 편지했느냐?" 하고 화를 냈다고 한다.

나는 엇갈리게 생각하면서 언니라서 동생을 위로한다는 것이 위로는커녕 화만 나게 만든 꼴이었다.

세월이 많이 흘러 우리 집에 왔던 그 조카도 잘 성장하고 좋은 대학을 졸업하고 좋은 남편을 만나 행복하게 살고 있다. 잘 살 수 있도록 마음 다해 축하해 주었다.

그 집 막내딸은 결혼식장에서 나를 외면했다.

나 또한 아이들 출가하고 우리 형제의 셋째인 그 동생 모두들 결혼시키고 세월의 흐름에 따라 늙어갔다.

그런데 그 동생의 막내아들이 40이 넘어 결혼 못하고 있어서 또 나는 신경이 쓰였다. 뭐든지 도와주고 싶었다. 이것이 우리 집안의 큰 딸이라 마음이 쓰였다.

나는 우리 이웃의 처녀를 소개하는 전화를 했다. 고졸에 엄마가 계시지 않는 처녀였다. 대뜸 그 동생은 우리를 어떻게 보고 그런 곳을 소개하느냐며 큰 소리로 대들었다. 보지도 않고 말만 들었을 뿐인데 그렇게 화를 냈다. 그렇게 보면 나 역시 못 말리는 푼수 같은 일만 하고 있었다. 오지랖이 넓은 것인가 보다.

나는 언니라고 돕는다는 것이 오히려 화만 돋구었다.

그 후 막내아들이 결혼하게 되었단다. 자식을 키운 나 역시 40이 넘은 그 아이의 결혼은 고마운 일이었다.

결혼식 청첩장을 받았다. 결혼하는 동생의 귀한 아들이 대견스러웠다. 마음으로 나의 일처럼 기쁘고 축하했다.

그러나 그 제부 얼굴은 꿈에서라도 보고 싶지 않았다. 오지랖 넓은 나는 또 그 아이의 결혼을 축하해 주고 싶었다. 우리 큰 아들 가족과 함께 결혼식에 참석했다.

제부는 새 양복으로 깔끔하게 차려입고 손님 접대를 하고 있었다. 나는 그에게 아들 결혼을 축하한다고 인사했다. 그는 손을 잡은 채 자신의 성격이 급해서 그랬으니 지난 일을 용서해 달라고 말했다. 그러나 나의 가슴에 맺혀진 응어리는 좀처럼 풀리지 않았다.

그의 아들 결혼은 늦었으나 기쁨이었다. 동생도 좋아진 모습으로 한복을 곱게 차려입고 있는 모습이 보기 좋았다.

그는 나에게 왜 그랬을까? 나는 마음 깊숙이 박혀 있는 그 못 박힘의 예수님을 생각하면서 용서하기로 했다.

그러나 그 상처는 언제나 나의 마음에 깊숙이 새겨져 있다. 오랫동안 없어지지는 않을 것 같다.

터널

터널

　동생들을 만나고 집으로 돌아가는 길인데, 서울로 향하던 기차가 긴 터널 속에 갇혔다. 나의 옷은 폭우로 흠뻑 젖고 신발에 물이 가득 찼다.
　태풍 '차바'가 위력을 나타내고 있는 것이다. 전기는 끊어지고 깜깜절벽인 채로 기차는 경주에서 멈춰 섰다. 영화에서나 보던 일이 실제로 벌어진 것이다.
　처음에는 '이것쯤이야' 하면서 느긋하게 기다리는 나의 인내가 필요했다. 두려움보다 조금만 기다리면 될 거라는 생각이 있었다. 인생의 터널을 견디어내면서 지금까지 살아온 날들이 소중하고, 그래서 더 마음속에 내공이 쌓였다고 자부하기 때문일 것이다.
　깜깜하다. 서울로 올라가는 이 기차에 사람들은 그리 많지 않다. 깜깜한 것에 더하여 앞으로 어떻게 될 거라는 정보조차 알 수 없다.
　자리에서 자주 일어났다 앉으며 곧 잘될 거라고 했지만, 시간은 흘러 세 시간째에 돌입했다. 핸드폰을 꺼내 보면서 두려워지기 시작했다. 같이 기차를 탄 사람들은 서로 말을 주고받기라도 하는데,

나는 지금 혼자다.

혼자가 두렵다.

나의 인생 후반기에 폭풍우가 닥쳐왔다. 힘들었던 노력의 결실인 아늑한 정원이 있는 보금자리가 날아가고, 산산이 흩어져 혼자 살아야 하는 아픔도 맛보았다. '야윈 강아지 비루먹는다' 는 말이 있듯이 고통은 끝없이 이어져 몸도 망가져 갔다.

암 투병과 심장, 무릎, 천식 등 온갖 것들이 나를 위협했다. 이 순간들마다 형제들이 나를 일으켜 세워주었다. 먼 길을 찾아와서 함께 아파하고 분노하고 기도해 주는 나의 사랑하는 형제들이 '피는 물보다 진하다' 는 말을 실감케 해 주었다. 그러나 결국 모든 것은, 나 자신이 짊어져야 할 몫이었다.

지금도 그렇다.

신은 나에게 남이 하는 세상의 온갖 고통을 경험하게 하신다. 팔순을 바라보는 내가 아직도 부족하다 싶은가? 세상의 용광로 속에다 나를 집어넣고 온전한 사람이 되게 조련시키는 것일까?

터널

　사랑하는 사람에게 시련을 더 많이 주신단다. '틱낫한' 영성가는 "숨을 들이쉬면서 마음에 평화, 숨을 내쉬면서 얼굴에는 미소, 지금 내가 살아 숨 쉬는 경이로움이여!"라고 말씀하신다. 아직 숨 쉬고, 살아 있음이 얼마나 놀라운 일이며 감사함인가? 이렇게 깜깜한 터널 속에서 무엇을 알게 하는 것일까?

　네 시간째 접어든다. 몸이 너무 지치고 아프다. 누군가와 이야기 하고 싶지만 그렇다고 해결날 것은 아무것도 없다. 심장 때문에 예약되어 있었던 서울대학교병원에서 전화가 왔다. 그래도 통화를 하고나니 마음이 편안해진다.

　눈을 감고 차분하게 내가 나를 다독인다.

　덧없이 지나가는 세월에 잊혀져가는 나의 육친인 부모님 묘지를 찾아간다. 철부지들을 가르치고 닦아내며 어엿하게 길러내시고 굽이굽이 사연들이 들려올 것만 같은 숙연함에 고개 숙여진다. 부모님 가신 지 오랜 세월이 흘렀건만 우리 형제들은 이날 아버지 기일에 모여 오랜만의 회포를 나눈 것이다.

올케의 맛깔스런 제사상 음식을 나누며 흡족하여 옛날 얘기들이 꽃핀다. 한 동생이 나에게 말한다.

"토요일 오후가 되면 걱정이 태산 같았어! 언니가 책가방을 검사하고 노트 한 장 한 장을 넘기면서 숙제 제대로 안 하고 놀기만 한다고 꿀밤을 주었었지? 빨리 시집이나 가버리라고 속으로 생각했지."

여름엔 새파란 아오리 사과를 한 보따리 준비하고 바닷가로 놀러 가 첨벙첨벙 즐거워하다가 파도 속에서 물을 들이켜고 짠물에 눈이 빨갛게 충혈되어도 우리는 너무나 즐거웠다.

비 온 후에는 빨래통을 이고 동생들을 데리고 냇가로 가서 흐르는 물에 빨래도 하고 몸도 씻기고, 엄마 몫을 돕느라 시작했지만 나는 동생들과 함께하는 것이 기쁨이며 보람이었다.

딸부잣집에 막내 남동생이 태어날 때는 집안에 큰 경사였다.

이제 그 남동생이 부모를 대신하여 우리를 모아들이고 있다.

나는 대장이었다. 동생들은 언니가 왕이었다. 나는 직장을 다녔고 성탄절에 각자 머리맡에 편지와 선물을 놓아주고 맛있는 음식도 사

주었다. 부모님은 대장인 나를 절대적으로 신뢰하셨다. 나의 할머니는 더욱 그러셨다. 그래도 나의 권한을 함부로 남용하지 않으려고 노력했지만 동생들은 그렇지 못했나 보다. 우리 집은 가난했지만 행복하였고, 나는 최대한 노력으로 동생들을 기쁘게 해 주고 싶었다. 그런 덕분일까? 지금도 우리는 끈끈한 정으로 서로가 연결되고 기쁨과 슬픔을 나눈다.

다섯 기간이 지나서야 불이 들어왔다. 기차는 움직이고 있었다.

내가 인생의 터널들을 통과할 수 있었던 것은 가족들과 함께했기 때문이다.

깜깜함 속에서도 가족들과의 추억은 나에게는 위안이고 커다란 불빛이다.

먹거나 말거나

바다를 건너 산을 넘어 지구 반대쪽에서 손님이 왔다.

코가 높고 연한 하늘색 눈동자에 검은 점이 딱 박힌 것 같은 눈을 가진 이색적인 사람이다. 그는 스웨덴 사람인데 영어도 잘한다.

"아시아는 난생처음이다. 너희 나라는 어떤 나라인지? 어떤 생활을 하는 민족인지 나는 긴장된다" 는 말을 딸의 통역으로 듣는 순간, 자신은 선진국 사람이라는 우월감을 가지고 있다는 생각에 못마땅하다. 그는 스웨덴에서 온 귀한 나의 사위인 것이다.

첫날은 갈비탕과 콩나물 무침, 김치로 밥과 함께 대접한다. 특별하지도 않고 평소 우리가 먹는 메뉴 그대로다. 콩나물은 어디에서 자라느냐고 물었다. 콩을 불려서 그늘에서 물을 주어가며 기른 것이라고 설명했더니, 그런 방법도 있느냐는 듯 고개를 갸우뚱하였다. 갈비탕 뚝배기에 한가득 밥 한 그릇 모두 '뚝딱' 이다.

우리는 인스턴트나 가공 음식보다 생고기 요리와 야채를 데쳐서 무치고 발효를 시킨 김치를 먹고 밥을 먹는, 어디를 가도 국민들이 독특하고 근면하고 부지런하다는 것을 말해 주었다.

그리고 특별함보다 있는 그대로를, 생각보다 괜찮은 나라임을 느끼게 하고 싶다. 내가 할 수 있는 것은 깨끗하게 청소하고 잘 정돈된 모습과 평범한 음식을 만들어서, 먹거나 말거나 신경 쓰지 않고 독특한 우리의 맛을 맛보게 하는 것이었다.

둘째 날은 된장찌개다. 멸치 다시를 내고 두부, 풋고추, 파, 마늘을 넣었다. 두부는 치즈냐고 물었다. 그것은 콩을 삶아서 으깨어 만든 것이라고 일러주었더니 신기해 한다.

그의 이름은 '욜마', 욜마는 맵고 뜨거운 음식을 좋아한다. 그는 한국의 온갖 것을 다 보기를 원했다. 경복궁, 창경궁을 둘러보고 안국동에 있는 한옥 마을을 보면서 기와지붕에 관심이 많았다.

또 〈잠자는 숲속의 미녀〉와 오페라 〈라 트라비아타〉 등 고급스런 공연을 보면서 호기심이 찬탄으로 바뀌어간다. 그리고 우리 가족들도 다 만나보았다. 영어를 잘하는 아들들과 신나서 대화도 하고, 그는 모든 것이 새롭고 흥미롭다는 것이다.

여름에는 아들을 데리고 와서 4주 정도 있고 싶다고 말하기도 했다. 잠실 무역센터 등등 많이도 돌아다녔다. 새삼스럽게 너희 나라는 개고기 먹는다는데 그것도 먹어보고 싶어 했다.

세계가 비하하는 개고기(보신탕)를 사 와서 밥과 함께 먹으며 다른 고기와 다를 것 없는 맛이다. 양념이 아주 많은 맛이라고 평가하면서 다 먹지는 않는다.

일요일이 되었다.

그는 루터파 기독교 신자인데 천주교회도 가보고 싶어 했다.

미사 시간에 중간쯤 자리에 앉아 성당을 가득 메운 신자들과 경건한 모습의 교인들을 보고 매우 인상적이라고 하고, 나오다가 신부님을 만나 인사도 나눈다.

셋째 날은 잡채와 닭도리탕이다.

나는 열심히 만들고 너는 먹거나 말거나 배가 고프면 먹을 테지, 나는 배짱이 생겼다. 그 배짱이 어디서부터 생긴 것일까? 자존감인가, 열등의식인가.

나 자신의 생각이 묘했다. 서툴게 젓가락을 잡고 잘해 보려고 노력하는 꾸밈이 없는 태도가 조금씩 친근감이 간다.
　넷째 날은 우거지국과 무생채, 국이라는 것은 다 잘 먹는다는 것을 알았다. 미역국은 무엇이냐고 물으면서 이것도 잘 먹으니 이제는 고맙다.

　나에게는 키가 크고 웬만큼 학력을 가진 예쁜 딸이 있다. 20대에 결혼을 했으나 극심한 폭력을 감당할 수 없어서 어쩔 수 없이 헤어졌다. 갓 태어난 손녀가 돌이 되기 전이었다. 청천벽력 같은 현실을 어떻게 하랴.
　그 아이는 스물여덟의 꽃다운 나이에 오로지 자기 딸 하나 키우는 데만 집중하고 그것만이 살아가는 기쁨이며 희망이었다. 이제 손녀는 고등학교 2학년으로 의젓한 처녀가 되었고, 나의 딸은 어언 마흔다섯 중년이 되어갔다.
　어느 날, 딸은 자신의 정체성이 무엇일까? 나약한 생활을 만족할 수 없다면서 스페인의 산티아고를 걸으며 수사, 승려들의 고행을 체험해 보기로 결정하고, 왕복 비행기 표만 들고 홀로 용기를 내서 여행사도 없이 집을 떠났다.

먼 역사 속 인물인 나폴레옹과 더 오래된 인물인 로마의 카이사르 같은 용맹한 전사들이 누비고 다닌 피레네 산맥을 넘어서 서툰 영어로 길을 묻고 숙소를 정하고 살기 위해 먹을 것을 사 먹어가며 모험을 시작했다.

성스러운 성지를 2주째 걷다가 우연히 만나게 된 사람이 율마다. 그 후 긴 장정을 함께 걸으며 비슷한 연령과 서로 닮은 가정환경, 또 순수함의 두 성격을 공감하면서 인연이 되었다.

그 후 서로가 전화 연락을 하고 이제는 호기심이 발동하여 한 번도 생각조차 해본 적이 없는 이 땅을 찾아온 것이다.

나는 늙어가는 자신을 딸에게 의존하며 살고 싶었다.

나의 이 꿈은 사라지려나?

딸을 빼앗기는 것 같은 서글픔 때문일까?

내가 할 수 있는 영역인 음식을 가지고 먹거나 말거나 하는 배짱을 부려보았다.

알 수 없는 미지의 또 다른 인생 역경을 끌어안아야 하나?

끊임없이 펼쳐지는 변화무쌍한 이것이 인생인가?

참으로 알 수 없다.

그러나 모든 것이 순리대로 이루어지기를 바란다.

누가 뭐라 해도 나의 소중한 딸의 행복이 나의 행복이다.

영정 사진

　얼마 전 영정 사진을 찍을 기회가 주어졌다. 이젠 나이도 나이인 만큼, 영원한 곳으로 갈 첫 준비를 시작한 셈이다. 아이들은 좀 더 잘하는 스튜디오로 가서 찍자고 했지만 아무려면 어떤가?
　'호랑이는 죽어서 가죽을 남기고, 사람은 죽어서 이름을 남긴다'는 말이 있지만 그럴 만한 업적을 남기지는 못했다. 그래도 나는 내게 주어진 인생길은 열심히 걸어왔다고 생각했다.
　4남매가 반듯하게 자라 가정을 꾸리고 그들이 행복하게 살고 있으니 흡족하지 않은가. 나름대로 부부가 함께 20여 년을 사회에 봉사해 왔고 어려운 살림살이지만 빚지는 일 없이 꾸려왔다.
　아이들이 특출하게 학교 성적이 좋은 편은 아니었지만 모두 성실하게 커주었다. 아이들이 학업에 얼마나 몰입하고 있는지 궁금할 때면, 세탁기 없던 시절 빨래하다가 젖은 옷을 갈아입지도 않고 가까운 학교로 달려갔다.
　아이 몰래 창문에 눈을 대고 숨어서 나의 아이들의 공부 상태를 점검했었다. 학년 말이 되면 수고하신 담임선생님께 베스트셀러 책을 사서 그 속에 감사의 편지를 건네기도 했다. 비록 촌지는 없었지만 나만의 철학이라고 생각했었다.

나는 항상 더 배우고 싶은 열망이 컸다. 아이들을 다 결혼시키고 나서는 어디서 교양 강의가 있다는 소식을 들으면 지체 없이 찾아가 듣고 메모하고 돌아와 다시 읽었다. 새롭고 몰랐던 사실들이 지식에 목마른 나에게 기쁨을 맛보게 했다.

나는 내 인생의 남은 시간을 조금 더 뜻깊게 보내려고 노력한다. 이사를 하게 되어서 두 시간 넘게 걸리지만, 1주일에 한 번 인문학 강의를 듣기 위해 오가는 길에 내가 실천에 옮길 수 있는 삶을 살려고 애쓰고 있다.

어느 날 전철 안에서 한 청년이 갑자기 선 자세에서 쓰러지는 일이 발생했다. 넘어지면서 안경테가 부서지고 그것이 얼굴에 상처를 내서 피가 많이 흘렀다. 모두들 바라만 보고 "아이구 저를 어째?" 걱정만 했다. 누구 하나 도와주는 사람이 없었다.

그때 한 아주머니가 가방에서 휴지를 두툼하게 꺼내서 그 청년의 얼굴을 닦아주고 빈자리에 앉혀 정신이 들 때까지 주물러주었다.

정신을 차린 그에게 "어디까지 가느냐?" 묻고 함께 전철에서 내려 부축하여 데려다주려고 나서는 그 여인을 보는 순간 '나는 무엇을 했는가? 왜 나의 가방에는 휴지 한 조각도 없단 말인가? 왜 소극적으로 바라만 보았는가?' 한참을 죄책감으로 괴로워했었다.

나름대로 잘 살았다고 자부심을 가졌지만 내 인생 끝날에 '너는 무엇을 했느냐?'고 물으면 무엇으로 답할 것인가? 돌이켜보며 지금도 별반 나아진 것이 없으니 한심하기 짝이 없다. 다음에는 '누구보다 내가 먼저 하리라'고 다시 한번 다짐한다.

영정 사진을 바라보았다. 그 사진을 찍으러 갈 때 평소 잘 하지 않던 귀걸이를 달고 화장도 해 보았다. 그곳에 마련된 한복을 입고 사진사가 김치의 '치'를 강조하여 웃고 또 웃었다. 그 웃음은 웃기 위한 행동이었고 내면은 까맣게 타들어가듯 표현할 수 없는 묘한 감정이 나를 휘감았다.

영정 사진 속의 나는 웃고 있지만 세월의 흐름을 상징하듯 머리는 백발이 되었고 팽팽하던 얼굴이 주름으로 축 늘어졌다. 그 얼굴 속에는 내가 살아온 역사가 있고 환하게 웃을 때의 주름살과 걱정 근심으로 생긴 팔자주름, 못마땅해 할 때 생긴 양미간의 내 천(川) 자가 화장으로 살며시 숨겨져 있다.

나의 모습은 젊음을 떠나 중년을 넘기고 장년을 지나 호호 노인 쪽으로 기울고 있음을 볼 수 있었다.

인생은 공평하다. 누구든지 때가 되면 저세상으로 떠난다는 것이다. 삶의 제일 아름다운 마무리가 잘 죽는 것이라는데 '오늘이 마지막 날'이라는 마음가짐으로 하루하루 최선을 다해야겠다.

영정 사진을 찍고 알았다. 지금 살아 있다는 것이 얼마나 경이로운가?

책 속에서 길을 찾다

2014년 3월 1일 나는 독거노인이 되었다. 조상들이 나라를 찾기 위해 독립만세를 불렀던 이 날, 나 또한 내 삶의 독립을 부르짖으며 새로운 생활의 길을 찾아 나섰다.

20여 년 살아온 정든 곳을 떠나 생소한 이곳으로 떠밀리듯 밀려와서 홀로 서기를 시작했다. 대문을 나서면 이웃사촌들, 그 많던 가족들, 아쉬움 없던 살림살이, 넓디넓은 공간들, 다 어디로 가버렸을까?

명절이 되면 시골 친척들은 생선을 듬뿍 보내주었지. 조상님 제사상에 올리기 위해 꾸덕꾸덕 잘 말린 후 새벽에 커다란 찜통에 쪄서 김이 모락모락 나는 여러 종류의 생선들과 다섯 가지 나물과 다섯 가지 전을 올리고 찜과 탕국, 식혜, 문어, 인절미와 소고기산적, 오징어산적, 상 앞쪽을 장식하는 사과, 배, 포도, 바나나, 수박 등 다섯 가지 과일과 건어물 건과 다섯 가지와 명태, 곶감, 밤, 대추, 문어 말려 오린 것 등, 한상 가득히 차려놓는다.

쌀을 담은 제기 위에 향을 피우고 촛불을 켜고 제주를 따르며 모두 모여 조상들에게 절하면서 제사를 정성껏 지냈었지.

　울긋불긋 차려입은 손자, 손녀들은 우리의 고유한 미풍양속을 기뻐하고 마음을 나누었지. 젊은 시절 시어머님께서는 음식 만드는 방법과 가문의 기일과 생일들을 일러주셔서 내가 메모해 두었다가 실행했더니 매우 만족하시던 모습도 떠올려본다.

　시동생 세 가족, 그들 손자, 손녀, 며느리, 우리 4남매 아들딸을 합쳐 서른 명의 대가족이 함께 모여 방과 마루로 나뉘어 먹고 자고, 힘은 들었지만 친척들과 돈독한 관계가 보람이며 감사한 일이었지. 대문만 들어서면 꽃은 피고지고 벌들은 윙윙 나비들이 춤추는 곳이 우리 집이었다.

　그러나 지금의 나는 아파트 생활에 익숙하지 않아서 엘리베이터를 오르내렸더니 뱃멀미처럼 어지럽다. 이곳도 목련이 아름답게 피고 앙상하던 고목이 연둣빛으로 옷을 입고 삭막한 건물 사이로 이름 모를 꽃나무가 꽃을 피우기 시작하지만 내가 살던 양옥집의 소박하고 서정적인 모습에 비교할 수가 없다.

오늘도 나는 천변을 걷고 뒷산 자락을 누비고 약수도 긷고 나와의 싸움을 시작한다. "아!" 하면 "어!" 하고 대답해 주는 상대가 없다. 서툰 피아노를 열심히 치고 음식을 꾸역꾸역 먹는다. 승강기에서 산에서 공원에서 만나는 사람마다 내가 먼저 인사를 건넨다. 더러는 반기고 더러는 별 희한한 사람 보겠다는 표정이다.

개미집같이 한 곳에 모여 살고 스쳐 지나가면서도 무관심한 표정들, 모두 문을 닫아버린 복도는 적막강산, '아무도 없는 나의 아파트~' 노래가 실감난다.

그래도 나의 진정한 친구인 '책'을 읽고 책속에서 삶의 길을 찾을 수 있다는 것이 커다란 행운이다. 조앤 치티스터 수녀가 들려주는 아름다운 노년의 이야기 《세월이 주는 선물》이라는 책을 연다.

'세월이 우리에게 주는 것이 단지 신체적 능력의 쇠퇴와 깊어지는 주름이 아니고, 노년은 지상에서 긴 삶을 견디고 산 사람들만이 누릴 수 있는 특별한 선물'이라고 한다. 내 마음을 알아주는 것 같다. 수녀님께서 내 손을 잡고 함께 걸으며 이야기하시는 것 같다.

'노년은 오래된 집과 이웃을 떠나 더 작은 곳, 관리하기 편한 곳으로 보금자리를 옮기고 이때는 외면의 이미지보다 내면의 자아가 강해진다. 진정 나 자신이 될 자유임을 깨닫는 순간 영혼의 해방은 시작되며, 고독은 선택이며 나 자신과 함께 있기 위해서 혼자인 것이다. 고독 속에서 우리는 비로소 자신과 화해하고 지나온 삶과 화해를 하는 것이다. 시련에 주눅 들기보다 삶의 아름다움에 대한 기대로 살아간다. 우리는 고통을 겪고 사랑하는 법을 배우기 위해 이 세상에 태어난다' 는 것이다.

기쁨 반 슬픔 반으로 하마터면 나는 흐느껴 울 뻔했지만, 이 책에서 삶의 기본이 되는 길을 오늘 다시 찾았다.

그러하다고 완벽하게 되었다는 것은 아니다. 부족함을 알고 조금씩 채워가려 한다. 이제 과거는 넘어섰다. 더 이상 과거로부터 상처 받지 않을 것이며 주위에 벌어지는 일들과의 씨름보다 나의 내면에 더 집중할 것이다.

발에 채이어 뒹구는 하찮게 보이는 돌멩이 하나, 볼품없는 풀 한

포기도 흉내 낼 수 없는 자연의 조화 속에 소중한 자리를 차지한다. 식구가 함께 산다고 언제나 함께가 아니듯, 혼자 산다고 늘 혼자 또한 아니다.

 나는 언제나 그러했듯이 '관계' 안에서 만나는 사람들과 사랑의 의미를 찾을 것이다. 저녁노을이 아름답듯이 인생의 후반기 길목에서 나도 내가 내 마음에 드는 빛깔로 저녁을 맞이해야겠다.

그리운 이름

　벌써 어머님의 기일이 네 번째로 접어들었어요.
　큰 딸은 기차를 타고 어머니 뵈러 가고 있어요. 지금 초여름이라서 장마도 오고 계절은 변함없이 오고 또 가고 있지만 한 번 떠나신 부모님의 모습은 뵈올 길 없으니 가슴이 조여듭니다.
　저는 일흔네 살이라는 적지 않은 세월을 살아오면서 수많은 경험과 인고의 삶이 어머님의 걸어가신 길만큼이나 녹록하지 않게 저에게도 몰아닥치고 있어요.
　그러나 걱정 마세요. 잘도 견뎌내고 있습니다. 누구의 딸인데요. 그 누구보다 어머니의 따뜻한 정을 듬뿍 받고 자라온 우리 형제들은 똘똘 뭉쳐서 어머니의 큰 딸에게 버팀목 역할을 해 주었어요. 70대의 반란을 일으킨 당신의 큰 사위는 너무도 평범하지 않은 발상으로 살아온 역사를 뒤흔들어 버렸어요.
　수녀님 동생의 몸과 마음을 다한 기도, 울산 동생의 지혜로운 판단력, 은주네 모니카 동생의 따뜻한 배려, 세실리아 동생의 건강 체크로 난생처음 링거 영양주사를 네 번이나 맞고 기운을 차렸습니다.

올케의 깊은 속정은 제가 외로움과 고통에 처했을 때 먼 곳까지 찾아와 둘이서 밤새 얘기하며 위로를 얻었고, 당신의 귀한 아들인 삼대독자 막내는 연극을 함께 보고 비빔밥을 먹으며 자갈치의 진한 고향의 향수를 맛보게 하였으며, 천마산 등산과 아버지께서 오랫동안 봉사하셨던 그 수도원 방문과 돼지국밥을 먹으며 형제 사랑을 듬뿍 받아서 견딜 수 있었고, 또 금곡에 사는 고모님 집에 불청객으로 찾아가서 폐를 끼치기도 했습니다.

어머니! 부모님께서 우리를 태어나게 하시고 잘 길러주신 은덕을 입고 우리는 씩씩하게 살아갈 수가 있었습니다. 그러나 어머니를 가장 마음 아프게 한 일에 사과드립니다.

어머니! 호스피스 병동 생활의 어머니 모습이 지워지지 않습니다. 말문을 닫으셨지요. 나는 귀에다 대고 "엄마! 없는 형편에 이자가 가장 많은 일수로 빚을 내어서 저를 고등학교까지 보내주셔서 어머니 정말 감사합니다" 하고 말했습니다.

그러나 눈을 감으시고 말문을 닫으신 어머님께서는 아무 반응이 없었습니다. 저는 그 밤에 다른 방 침대에서 편히 잠을 잤어요. 간병인이 옆에서 간호한다고 마음 놓고, 손톱도 간병인이 깎아주고, 등창난다고 닦아주며 어머니 몸을 이리저리 굴리는 것을 보고만 있었어요.

"어머니! 의식이 없다고 그때 어머님께 무심했던 저를 용서해 주십시오."

손을 꼭 잡고 볼에 뺨을 비비며 내 얘기를 해 드렸어야 했는데 이제 깨달음의 고비 고비마다 후회가 되어 저의 마음이 슬프고 그리움이 커지기만 합니다.

좀 더 가까이 큰 딸의 체취를 느끼고 함께하고 싶으셨을 어머니. 정감이 가득하시고 정이 냇물처럼 넘쳐흐르는 어머님을 나 혼자의 판단으로 마지막을 그렇게 보내 버린 일로 어리석은 저의 가슴이 미여지듯 아파옵니다.

가슴 깊이 사무치게 불러보고 싶은 그리운 이름.

엄마! 엄마! 엄마!

지금 부산으로 향하는 급행열차의 차창 너머로 신록들이 아름답게 펼쳐지고 있습니다. 그 속에 우리들과 함께 기뻐하던 젊은 날의 엄마 얼굴도 빠르게 지나갑니다.

언젠가 어머니 계신 그곳에 갈 때면 엄마 외롭지 않게 곁에서 주저리주저리 재미있는 이야기해 드리기 위해 잘 살겠습니다.

저 외롭지 말라고 동생들도 잘 키워주셔서 감사합니다. 그 동생들 덕분에 오늘 제가 엄마를 뵈러 갈 수 있는 힘이 생겼답니다.

이 여자

아침저녁으로 서늘한 바람이 가을을 재촉하고 있다. 신록들은 그 자태를 절정에 이루듯 녹음은 푸르고 상쾌했다. 나에게도 저렇게 싱싱한 2,30대가 있었지. 푸른 꿈에 벅차올랐던 시절. 초록 원피스에 둥글고 깜찍한 흰 칼라는 영화 속 제복의 처녀처럼 단정하고 귀여웠다.

1960년대, 20대 초반 직장생활은 보람 있는 일과로 동료들과의 관계와 쪼들리는 우리 가족들에게 샘물이 되어주고 있었다. 휴일이면 어머님과 함께 영화관 나들이와 맛있는 음식은 자존감 성취로 나를 얼마나 뿌듯하게 하였던가. 휴일의 산행은 삶의 묘미를 한껏 누리게 하여, 즐겁고 보람 있는 날들이 이어지고 있었다.

그러던 어느 날 청천벽력 같은 일이 생겼다. 넷째 여동생이 갑자기 사라졌다. 책가방을 들고 교복을 입고 학교에 간 아이가 아무 소식이 없어 온 가족이 뜬눈으로 밤을 보냈다.

공부에 흥미가 없는 그 아이는 탈출구를 찾고 있었으리라. 평소 좀 더 다정하게 대해 주지 못한 것이 후회스러웠다. 다음 날 그 동생 친구 말이 서울 장충동 가방 공장에 취직하러 갔다고 한다.

이 일을 어떻게 할 것인가? 누가 그 아이를 찾아오겠는가? 서울을 가 본 사람은 우리 여덟 가족 중에 나밖에 없었다. 원효로 공무원 교육원 2박 3일 다녀온 것이 전부다.

나는 20대 후반으로 접어들고 있었는데 부모님은 나에게 희망을 걸었다. 직장에 휴가를 내고 무작정 부산에서 기차로 서울역에 도착했다. 택시를 기다리는데 전족을 한 중국 여인이 장충동은 같은 방향이니 함께 택시를 타자고 유창하게 한국말을 걸어와서 무심코 택시를 함께 탔다.

얼마를 가도 장충동은 아직 멀었다는 것이다. 운전사에게 장충동을 물었다. 벌써 지나왔단다. 당황한 나는 중국 여인에게 바가지 욕을 퍼붓고 차비도 내지 않고 내려서 어렵게 장충동을 찾아갔으나 동생은 그곳에 없었다.

나는 생소한 서울 길과 중국 여인의 알쏭한 행동으로 내심 주눅이

들었는데 동생을 만나지 못하고 날은 저물어가고 그 집 마루에 앉아 대성통곡을 했었다.

  서울역 앞에 책가방을 맡겨두고 도봉산 근처 약국에 취직해 있는 동생을 일주일 만에, 천신만고 끝에 찾아서 집에 올 수 있었다. 이 얼마나 다행인가. 지금 그 동생은 삼남매를 잘 키워 결혼시키고 행복하게 잘 살고 있다.

  그 해 늦가을은 추웠다. 아카시아 자그마한 잎이 노랗게 물들어 눈이 내리듯 떨어질 때 나는 외로움을 느꼈다.
  '수녀원이냐, 결혼이냐?'
  밑 빠진 독에 물붓기식의 집일은 과감히 접고 내 갈 길을 가고 싶었다.
  1월은 3일간 휴일이다. 막내 여동생 초등학교 담임이 처남을 대동하고 찾아왔다. 그 동안 선을 50번 정도 보았지만 연애는 해 보지 못했다. 1월 3일 선을 보고 5일에 패물과 사성을 보내왔다. 이달 18일이 좋은 날이라 결혼 날짜를 잡았다는 것이다.

지금의 남편인 그는 부잣집 4남의 장남이었다. 사성을 든 아버지의 손이 떨렸다. 천주교 영세를 받겠다는 다짐 하나로 결혼을 허락했고, 나는 벌써 29세를 맞이하고 있었다. 그의 다정한 말씨와 착해 보이는 모습이 마음에 닿았다. 떠밀리듯 15일 만에 결혼을 했다.

한 해 하나씩 연년생 아이를 세 명 낳았다. 막내만 2살 터울로 3남 1녀를 두었는데 나의 동생들은 언니가 뚱뚱한지 홀쭉한지 가늠이 가지 않는단다. 왜냐하면 매년 배가 불러 있더라는 것이다. 이렇게 30대는 아이를 낳아 기르고 절약하며 먹이고 입히며 대한민국 억척 여인이 되어가고 있었다.

자식을 향한 부모의 사랑은 무한하였고 어떻게 잘 키울 수 있을까에 집중하며 어제가 그제 같고 일상은 늘 반복되었다. 펌프질을 해서 퍼 올리는 우물물로 기저귀며 많은 빨래를 하느라 얼마나 많은 일을 했던가. 팔목에 알통이 박혀 지금도 팔이 통통한 방망이처럼 굵다.

이 여자

　어느덧 40대 중반을 넘기고 있는데 초등학교를 다니는 막내가 늘 괴롭고 힘이 없어 보였다. 알고 보니 짝꿍이 전교 1등을 하는데, 책상에 금을 그어놓고 못 넘어오게 하고 때리며 괴롭힌다는 것이었다. 일하던 옷을 갈아입지도 않고 나는 학교를 찾아갔다.
　마침 쉬는 시간이라 선생님은 계시지 않았고 아이들은 춥다고 난로 곁에 빙 둘러서 있었다. 나는 대뜸 "황대웅이가 누고?" 물었다. "전데요" 하고 내 앞에 선 아이는 눈이 까맣고 다부져 보이고 대학 교수 아들답게 자신감이 넘쳐 보인다.
　"너, 홍희를 괴롭힌다고? 전교 1등이면 다가? 친구가 모르는 것 있으면 가르쳐주고 도와주고 모범을 보여야지. 뭐 금을 그어놓고 책상도 못 넘어오게 하고 때린다고? 너! 지금도 훗날처럼 1등일까? 나중에 우리 홍희가 너보다 잘 되어 있을 기다. 한 번만 더 그따위 행동하면 가만히 안 있을 기다. 알겠나? 대답해 봐!"
　"예."
　그 후로 그 아이는 쳐다보지도 않고, 말도 걸지 않고 졸업 때까지 그렇게 지냈단다. 그 대웅이는 명문대학을 갔고 우리 홍희도 명문대 대학원 전자공학을 거쳐 조립한 부품을 대기업에 납품하고, 기술은 독일에서, 자금은 일본에서 미쓰비시와 독일 트럼프 회사를 다녔던 덕분으로 전 세계를 누비며 국위선양을 하고 있다.

그 당시 소리쳐 우리 아이를 옹호한 것이 자신감을 키워 주었다고 생각한다. 자랑스러운 홍희의 뒷모습을 보면서 그때 일은 내가 참 잘한 일이라고 가끔씩 되뇌어 본다.

이제 우리 아이 넷 중에 떨어지는 아이, 삼수까지 하는 애가 나왔다. 그때는 꼭 대학을 가야 한다는 철칙으로 이웃끼리 인사가 "댁의 아이는 어떻게 되었어요?"였다. 네 명의 자녀가 법석을 떨고 합격은 되어도 등록금이 문제였다. 나는 남편을 돕기 위해 흑염소 가게를 차렸다.

그때 50줄에 들어서고 있는 나의 머리가 희끗희끗해서 물을 들였다. 돈을 번다는 것은 예나 지금이나 삽으로 종일 땅을 파내는 것처럼 힘들다. 가을이 되면 손님들이 농사지은 호박을 리어카에 싣고 와서 호박이 천장까지 쌓이며 일거리가 들어오고, 신뢰 하나로 덕을 쌓아 단골이 늘어나면서 딸의 성악 공부 레슨비를 아낌없이 줄 수 있었다. 10년 동안을 장사하고 난 후 결단을 내리고 그만두었다. 자녀들의 자립심 결여가 원인이 되었다.

자유의 몸이 된 나는 성당 성가대에 들어가 열심히 성가를 불렀다. 60이 되어서야 자아가 성립되고 있었다. 그 무렵 나는 남편과 힘을 합쳐 살기 좋은 집을 사고 이제야 제대로 된 집에서 사는 기쁨을 누렸다. 가을이면 주먹만 한 감이 주렁주렁 열리고 그것들이 익어갈 무렵은 나의 살아온 날들의 찌든 고생들은 흐뭇한 기쁨으로 돌려받는 것 같았다.

자식들은 제 갈 길을 가고 우리 부부는 70대 중반을 넘어서고 인생의 후반기를 맞이했다. 두 손을 내려놓고 살아온 나날을 감사해야 하는 이 마당에 내 남편이 갑자기 "가족을 위해 헌신해 온 것이 억울하다. 무엇인가 열심히 해서 돈을 벌고 싶다. 그래서 인생을 즐기고 싶다"고 나에게 재산을 나누자고 했지만 나는 내가 그렇게 할 수 없다고 하자, 동무 삼아 같이 살다가 가방을 들고 나서는 남편의 뒷모습을 본다.

　나에게 주어진 의미를 찾아, 오늘을 소중하고 추하지 않게 최선을 다한 이 여자의 길에 내려진 정답이 이것이란 말인가! 나는 몇 번을 주저앉고, 잠을 이루지 못했다.

　"이보다 더한 날도 잘 살아온 너다. 넘어진 김에 쉬어간다고 좋았던 일만 생각하자. 그럴 수도 있다고 생각해 보자. 남편이 아픈 것은 아니니 고마운 일이 아닌가?"

　70년을 넘게 살아온 날들이 안간힘을 쓰며 나를 일으켜 세운다.

　"옥경순, 나는 이 여자가 정말 마음에 든다"라고 크게 소리쳐 본다.

| 작품 평설 |

가족, 그리고 배움의 소중한 미학
― 옥경순 수필집《내 작은 숲속》의 수필 세계

김 재 엽
(문학평론가,『지구문학』발행인)

1. 들어가면서

'인생은 짧고 예술은 길다' 라는 말이 있다. 하지만 인생을 멋지게 사는 사람에게서 짧게만 느껴지지는 않을 것이다. 길고 짧음에 연연할 것이 아니라 얼마나 멋있게 인생을 살아갈 것인가가 관심의 대상이 아닌가 싶다.

이러한 관점에서 바로 옥경순 작가를 소환하게 되는데 1940년생으로 80이 넘은 연치에 수필가로 등단하여 자식을 비롯한 가족들에게 삶에 관한 한 소중한 이야기와 함께 잔잔하면서도 가슴 속 깊이 파고드는 인생담을 진정 어린 마음으로 전하는 모습이 아름답게 다가온다.

게다가 학문에도 열정이 대단하여서 한국방송통신대학교 국어국문학과에 입학하여 만학에 정열을 바쳐 어느덧 졸업반이 되었다니 그 학문적 성과도 길이 빛나리라 믿어진다.

그리고 자식들에게 부모로서 느껴온 감회와 함께 삶에 지침이 되는 이야기들을 서간문 형식으로 써 모은 작품들을 또 다른 삶의 이야기들과 함께 모아 엮은 수필집《내 작은 숲속》의 작품들을 일독하면서 그의 인생역정과 곁들여 사람 냄새 듬뿍 배어 있는 요소들을 살펴보고자 한다.

2. 작은 숲이 이웃과 세계로 확장되는 윤리적 은유

"아파트 베란다에 화초를 기른다/ 고무나무, 박하, 선인장, 사랑초, 벤자민, 이름 모를 꽃들/ 얻어 오고, 버려진 것을 주워 오고/ 있던 것은 흙갈이하여 번식시키고// 누가 봐도 자랑할 만한/ 품종은 보이지 않네/ 물주고 깻묵 얻어다 키운다/ 그래도 저들이 잘 커주어/ 내 작은 숲속을 보는 듯하다// 사람이 모두 저마다 다르듯이/ 꽃을 피우는 것, 무성하게 자라서 옹기 위에 올려놓아도/ 아래로 자꾸 늘어뜨리는 줄기의 아름다움/ 비틀거리며 시들어 가는 모양새/ 그들은 제 각기 또렷하다// 제 힘에 못 이겨 넘어지는 선인장/ 일으켜 세우니 번창해진다/ 넓은 잎을 자랑하는 고무나무/ 가뭄에 강렬한 태양을 받으며 키는 커간다// 나는 마냥 줄어드는데/ 너희들은 커가는구나// 때마다 저들은 뽐내며 각자 다름을 합창한다/ 거실에 노니는 금붕어 헤엄치는 고운 모습들/ 구피

작품 평설 · **김재엽**

도 밥 달라고 따라서 아우성이다// 나는 이들 속에서 아름다운 인생의 노래를 부른다."〈〈내 작은 숲속〉 전문〉

우선 표제작 〈내 작은 숲속〉에서 전반적인 작품 성향을 들여다보면, 아파트 베란다라는 지극히 사소한 일상의 공간을 '숲'으로 다시 명명하는 순간, 삶의 비의秘意와 관계의 윤리를 환히 밝혀 보이는 수필 같은 시를 감상하게 된다. 고무나무, 박하, 선인장, 사랑초, 벤자민 같은 이름들의 나열에서 시작해 늘어지는 줄기와 넘어진 선인장을 다시 일으켜 세우는 손길, 그리고 거실 어항 속에서 헤엄치는 금붕어와 애완견 구피까지, 옥경순 작가는 미세한 관찰을 통해 '서로 다름이 곧 합창'이 되는 세계관을 펼친다. 특히 그 '작은 숲'이 어떻게 자기 위안의 정원에 머물지 않고 이웃과 세계로 확장되는 윤리적 은유가 되는지를 세 가지 층위로 나누어, '식물의 생태'에서 '몸의 시간'을 관통하는 '공동체의 시선'으로 읽어낸다.

〈내 작은 숲속〉은 "아파트 베란다에 화초를 기른다"는 담백한 이야기로 문을 연다. 작가는 남들이 탐낼 고급품종 대신 버려진 것을 주워 오고, 있던 것을 흙갈이하여 번식시키는 돌봄의 방식을 선택한다. 이때 '품종'이 아닌 '번식'과 '돌봄'이 이 작품의 주제어가 된다. 숲이란 바로 선택된 희귀성의 과시가 아니라 보잘것없는 것들의 공존으로 성립한다는 선언이다. 나무 이름의 열거는 사전식 지식이 아니라 몸에 밴 손길의 기록이며, 그 손길이 만들어낸 정서의 지형이 곧 '내 작은 숲속'이라는 문장으로 응결된다. 작은 '베란다'가 '숲'으로 불리는 순간, 공간은 물리적 크기가 아니라 관계의

밀도로 정의된다는 사실이 드러나는 것이다.

이 숲은 보기 좋은 균질의 경관이 아니다. "옹기 위에 올려놓아도 / 아래로 자꾸 늘어뜨리는 줄기의 아름다움", "비틀거리며 시들어 가는 모양새", "제 힘에 못 이겨 넘어지는 선인장"에서 작가는 '단정함'이 아니라 '어긋남'과 '넘어짐'의 형태미를 긍정적 요소로 채택한다. 이는 완만한 퇴락과 회복의 리듬을 삶의 일부로 받아들이는 생태적 미감이다. 넘어진 선인장을 "일으켜 세우니 번창"한다며 상처에서 솟아나는 회생력을 보여주고 숲의 시간성을 현재진행형으로 만든다. 그리하여 숲은 식물을 품으면서 자라나고 시들기도 하면서 다시 세워지는 순환의 장으로 자리한다.

무엇보다 이 작품의 정점은 "나는 마냥 줄어드는데/ 너희들은 커가는구나"라는 체감의 문장이다. 이 간명한 대조는 돌봄의 역설, 곧 나의 소진이 타자의 성장으로 전이되는 생의 역학을 들려준다. 베란다의 식물들은 나의 시간을 먹고 자라며, 그 성장의 풍성함은 나의 '줄어듦'을 무의미하게 만들기는커녕 오히려 그 줄어듦의 의미를 밝혀 준다. 돌봄의 시간은 결핍의 누적이 아니라 존재의 전이다. 내가 축적한 계절들이 타자의 잎맥으로 옮겨 타고, 그 잎맥의 반짝임이 다시 나를 지탱한다. 이런 전이는 작가의 다른 수필에서 반복되는 이웃 돌봄의 실천으로서 "우울과 고립의 문을 두드린 낯선 노인에게 따뜻한 식사와 함께 걷기를 권하고, 하루가 다르게 얼굴빛과 걸음이 달라지는 변화"(〈나는 씨를 뿌리고 그녀는 거두었다〉에서)를 지켜보는 장면과도 맞닿는다. 베란다의 선인장을 일으켜 세우는 손길은 현관문을 열고 타인을 맞는 손길과 구조적으로 동일하다. 작은 숲의 윤리가 공동체의 윤리로 확장되는 지점이다.

　이때 '줄어듦'은 퇴행이 아니라 성숙의 다른 이름이다. 작가는 노년을 신체적 쇠퇴로만 보지 않고, '진정 나 자신이 될 자유'를 얻는 시기로서 '고독'을 선택하여 자기 자신과 화해하는 시기로 통찰한다. 자신의 집을 축소하고 보금자리를 옮기는 생활의 리셋이 곧 내면을 강화하는 계기라는 성찰은, 베란다라는 소소한 무대가 왜 숲이 되는지를 간명하게 설명한다. 더 적은 것으로 더 크게 존재하는 법, 즉 미니멀한 외연 속에서 농밀한 내연을 기르는 법을 이 마지막 문장 "아름다운 인생의 노래를 부른다"고 함축시킨다.

　결국 〈내 작은 숲속〉은 '어떻게 살 것인가'라는 오래된 질문에 대한 생활 기술의 외침이다. 첫째, 소유보다 번식이라는 측면에서 귀하고 큰 것을 들이는 대신 작은 것들을 살리는 꾸준함을 택하라고 강권한다. 둘째, 완벽보다 회복을 강조하며, 넘어짐을 실패로 규정하지 말고 일으킴의 기회를 마련하라고 타이른다. 셋째, 일치보다는 다중의 합창을 선호하며 같아지게 만들지 말고 다름이 아름답게 섞이도록 배치하라고 주문한다. 넷째, 확장보다는 농축을, 넓히기보다 깊게, 줄이되 비우기 위해서가 아니라 더 잘 채우기 위해 줄이라고 간곡하게 이른다.

　이 네 가지 기술은 모두 베란다의 작은 숲에서 출발했지만, 현관문 밖의 이웃, 창밖의 놀이터, 도시의 저녁노을로 이어지는 '관계의 지형'을 새로 그린다. 그래서 이 작품은 정원 에세이가 아니라 작은 정원으로 배우는 '삶의 숲'을 지향하는 인생의 지침서라 칭하고 싶다.

3. 가족, 모범적인 인생역정으로 치환하는 화합의 장

"우리 셋은 '엄마!' 하고 부르며 울었다./ 언니인 내가 울면 동생들도 따라 울었다. 큰 목소리로 '엄마-' 하고 목청껏 울었다. 마치 개구리가 합창하듯 서럽게 울었다. 한참을 밖에서 있었더니 늦가을 날씨가 너무 추워 집으로 들어가는데 우리 새끼들 엄마다./ 귀에 익은 다정한 음성, 반갑고 기분 좋은 울엄마의 소중함이 마음속 깊이 박혔다./ 밤이면 아기는 엄마 품에, 우리는 엄마 뒤에 꼭 붙어서 향긋한 엄마 냄새를 맡으며 행복한 잠에 빠진다."

(〈어머니〉 중에서)

민족의 정한을 담고서 서정성 듬뿍 담긴 노래로서도 손색이 없는 아름다운 문장이다. 가족의 소중함, 특히 정서적으로 어머니의 역할을 이야기할 때 '여자는 약하지만 어머니는 강하다'는 영국의 속담처럼 어머니가 자식을 기르는 과정에서 차지하는 비중은 실로 엄청난 것임을 그대로 느끼게 해 주는 대목이다. 옥경순 작가는 장녀로서 동생들을 돌보며 어머니를 도와 넉넉지 못한 가정을 이끄느라 자신을 희생하면서 젊은 시절을 보냈다. 그 인생역정을 작품 곳곳에 감성 풍부하게 엮어 표출함으로써 읽는 이로 하여금 잔잔한 감동에 젖어 들게 만든다. 무엇보다 딸과 아들들에게 서간문 형식으로 글을 써서 어머니로서 하고 싶었던 이야기를 솔직 담백하게 피력함으로써 교육적으로도 매우 가치 높은 글월을 선사하고 있다.

작품 평설 · **김재엽**

"세 번째 연년생으로 태어난 딸아, 너는 들국화처럼 예뻤다. 너를 키울 때를 회상해 보니 찰나적으로 지나가 버렸다. 이 어미는 평생 늙지 않을 것같이 힘이 있었고 세심했었다. 지나간 일들이 결코 쉽지 않았으나 아름다운 추억이 되어 나를 사로잡는다"(《사랑하는 딸 젬마에게》)로 시작해서, "참새처럼 재잘거리고 하루 생활을 낱낱이 이야기하는 딸이 있어서 이 어미는 언제나 기분이 좋았다"고 회상한다. 그런데 성당생활과 학교생활도 잘하여 인생 순탄할 줄 기대했었으나 음대 성악과에 입학하면서 만난 선배와의 결혼생활이 순탄치 못해 1년 만에 헤어지는 현실을 보게 되고 가슴 아파한다. 그러다 새로운 각오로 44일간의 해외여행을 실행하는 딸 젬마에게서 새로운 희망을 보게 된다. "카이사르와 나폴레옹의 말발굽 소리가 들릴 듯한 피레네산맥을 넘어 미지의 세계를 향했다. 고독하고 힘든 여행을 하는 여정에서 인생의 의미를 찾기를 바랐다. 햇볕 내려쪼이는 한없이 펼쳐진 옛 성현들의 역사가 파묻힌 그 길을 끝없이 걸으며 같은 동반자를 만났다"며 그가 바로 지금의 스웨덴인 사위임을 밝힌다. 그러면서 "어느 시인의 말처럼 인생 후반기에 착한 우리 딸이 빛을 볼 것이라고 확신한다. 닭장 속 우리에 갇혀 있는 독수리가 큰 울음을 토해 내며 광활한 이국의 대지 위로 힘차게 비상할 것이다. 그동안 살아오면서 수많은 어려움들로 마음고생 많이 했지만 그것을 발판 삼아 한 치의 허점 없이 일어설 것이"라며 격려 어린 용기를 북돋운다. 어머니로서 딸에게 밝히는 소중한 사랑의 메시지인 것이다.

"코흘리개 때 이웃들은 아들에게 스마일이라는 별명을 붙여 주었다. 웃으면 눈이 반달이 되고 입꼬리가 올라갔다. 언제나 너는 잘 웃었다. 맛있는 음식을 먹을 때나 기분이 좋을 때 화사하게 웃었다"《큰아들 시몬에게》로 시작하여 "두 살인데 벌써 동생과 생일이 같은 달 동생이 태어났기 때문인지 벌써 철이 들었나 싶게 동생에게 양보하는 모습이 보였다. 우리 큰아들은 부모에게 기쁨을 주어서 스마일 스티커가 유행하던 때에 걸맞게 엄마에게 언제나 흐뭇함을 안겨 주었"다고 회상하면서 모험심 많은 상태로 큰 싸움도 피하지 않고 성장한 큰아들을 격려한다. 그리고 현재 두 아들의 아버지가 된 가장으로서의 아들을 바라보며 든든한 심사를 내비친다. "부모는 자식이 외면하지 않고 따뜻한 관심을 가져 줄 때 너희를 키운 보람으로 이제 80대가 된 이 엄마의 마음은 흐뭇하고 기쁘다. 큰아들 사랑해!"라고.

"형과 같은 달, 연년생으로 태어난 너는 비쩍 마르고 손발이 유난히 길었다. 이마는 주름살 투성이로 조금만 더 심했다면 해골에 가까울 만큼 말랐었다. 작년에 출산했는데 올해도 같은 달 출산이라니 의사는 이렇게 빠른 터울의 출산을 본 적이 없단다. 그래서 영양 섭취가 잘 안 된 탓일까"《둘째아들 마르코 보아라》로 회상하면서, 그래도 우량아로 성장하여 실제로 우량아 경연대회에서 준우승을 차지하는 경험도 얻었음을 술회한다. 그러면서 학업보다는 인생철학에 심취했던 것은 아닐까 싶게 활동하다가 대학 진학에 실패하고 이듬해에 진학한 대학에서 엉뚱하게도 연극반에 빠져 끝내 영화계로 나

작품 평설 · 김재엽

아가 조감독으로서 영화도 흥행시키는 성과도 내었음을 밝히면서 불의에 타협하지 않는 아들을 자랑스러워 하며 덕담 또한 아끼지 않는다.

"언젠가는 방송작가 며느리와 함께 다큐멘터리 제작이 꿈이라고 말했었지. 어느 곳에서라도 불의와 타협하지 않는 아들이 자랑스럽다. 그리고 그 꿈이 꼭 이루어지기를 바란다. 안동이라는 객지에서도 주변 사람들과 좋은 인연을 맺어가면서 활동하는 너의 모습이 아름답다. 이웃과 좋은 관계를 맺어가면서 살아가는 삶이 최고란다. 우리 아들 파이팅!"

"누나와 두 살 터울인 너의 태몽은 수정별이었다. 붉고 고운 보자기에 수정으로 된 별이 나에게 왔다. 참 특이한 태몽으로 투명하게 빛나고 있었다"(《사랑하는 막내 요한아 보아라》)고 시작한 막내 요한에게 보내는 서간은 도서관에 가서 잠만 자고 돌아온 막내의 일화를 꺼내며 일반적인 친구들보다는 특이한 마인드로 여행을 생활화하고 있는 막내에게 인생 조언을 하고 있다.

"너는 소유욕도 강했다. 처음 애플회사 컴퓨터가 나올 때였다. 그것을 사달라는 것이다. 안 된다고 말했으나 끈질기게 졸랐다. 어쩔 수 없이 시간이 지나 돈을 마련하여 그 생소한 기계를 샀다"고 회상하면서, 홀로 자전거 여행을 하는 과정에서 사색하고 사유하는 일상을 거쳐 아이디어 사업을 구상하게 되고, 끝내 전자공학을 전공한 전력을 내세워 대기업에 부품을 납품하는 자영업에 종사하는 현실을 대견해 한다. 그리고 격려 또한 잊지 않는다.

"전자공학 석사학위를 따면서 아무런 도움 없이 스스로 실력을 키워 비행기가 비상하듯이 꿈을 현실화 시키는 아들이 자랑스럽구나. 그러나 아는 길도 물어서 가라는 말이 있듯이 겸손함도 함께 간직하며 더욱 알찬 성숙한 사회의 일원이 되기를 바란다. 우리 막내아들 파이팅!"

그리고 〈손녀 아가다에게〉도 삶의 지침이 될 이야기를 곁들여 편지를 보내는데, "우리 아가다는 돌도 되기 전에 외가댁으로 들어왔다"며 가장 아픈 딸 '젬마'를 소환한다. 이어서 그 시절을 회상한다. "거무스레한 피부에 눈망울이 똘망똘망한 아이, 환경의 지배를 받는지, 밥을 잘 먹지 않는다. 잘 울었고 삐쩍 말랐으나 말은 똑똑하고 자기주장이 강했다. 외할아버지와 함께 사랑을 퍼부었건만 그것으로 만족 못했다. 언제나 사랑에 목말라 했었"음을 술회하면서, "함께 외출할 때는 너를 위해 할머니는 김밥을 싸서 틈만 나면 먹이려고 노력했었다. 할머니는 네 명의 자녀를 키울 때보다 훨씬 힘들었다"고 되새긴다.

현재는 스웨덴 남자와 재혼하여 제2의 인생을 아름답게 엮어가고 있는 딸 젬마에 이어 그의 딸 아가다 또한 훌륭하게 성장하여 뮤지컬 전공의 대학생이 된 현실이 흐뭇하기만 한 풍정인데, 마지막으로 읊조리는 옥경순 작가의 가족애 듬뿍 담긴 짧은 언어가 자못 감동적이다.

"지난 여름방학에는 아르바이트를 했었지. 40°C에 가까운 더위를 뚫고 계획했던 일을 해냈다. 너의 책임감 있는 행동에 칭찬해 주고 싶구나. 매력 있는 아가씨로 성장한 너에게 행운을 빈다. 너는 나에게 변함없이 소중한 손녀다. 이제 힘이 소진되어 가는 할머니에게도 관심을 부탁한다. 앞날에 행운이 있기를 빌면서, 사랑해!"

4. 만학의 즐거움, 그리고 감동을 안겨주는 독서

옥경순 작가는 만학으로 한국방송통신대학교 국어국문학과에 재학하며 학문하는 즐거움에 흠뻑 빠져 있는데, 배움과 관련한 작품들 몇 편이 또 다른 메시지를 담고서 독자들의 가슴을 잔잔하게 감동의 여적으로 안내하고 있다.

"나의 학번은 202010-100656, 가을 학기에 입학했다. 국어국문학과를 택했다"(《한국방송통신대학교 학생이 되어》)로 시작하여 80대 중반의 연치에 임하는 만학의 즐거움을 잔잔하게 술회한다. 학사일정과 함께 학과의 특성을 밝히고 방송강의와 출석수업, 그리고 리포트로 이뤄지는 수업 특성상 학점 따기가 수월치 않음을 함께 알린다. 그러면서 어느덧 4학년에 이르렀음을 알리면서 이번 학기가 아닌 다음 학기 즈음에는 졸업도 할 수 있음을 자랑스럽게 밝히고는 공부와 관련한 인생관을 토로한다.

"나는 젊었을 때는 추구하는 삶을 살았다. 그래서 책을 많이 읽고 사색하기를 즐겼다. 틱낫한의 잘 보내진 하루가 행복한 잠을 가져오듯 잘 산 인생은 행복한 죽음을 가져온다는 명언을 좌우명으로 삼았다. 배운다는 것은 어느 것에 비교할 수 없이 행복하다. 차츰 나이가 듦에 따라 계속 성장하고 싶었다. 바로 그것이 공부하게 된 이유가 된다."

옥경순 작가는 책 읽기도 좋아하여 김훈 작가의 역사 장편소설 《칼의 노래》를 읽고 느낀 감동을 오늘의 사회 현실과 비교 분석하면서 민족의 영웅 이순신 장군을 역사 인식에 비춰 심도 있게 재해석하였다.

"젊은 나이부터 58세로 죽기까지 싸웠으나 조정에서는 싸우는 군인들에게 먹을 것도 내리지 않았다./ 스스로 먹을 양식을 구해 가면서, 또 내년에 먹을 것을 저장한다. 콩을 쑤어 된장을 띄워서 몇 가마의 장을 담아서 땅속에다 저장한다./ 무시래기는 가을에 백성이 추수하고 버린 것을 주워다 많은 양을 엮어서 보관한다. 그 재료들은 지역주민들에게 힘든 일을 도와주고 그 대가로 얻어들인다. 또 이순신이 나라를 위해 싸우는 모습을 본 주민들은 아낌없이 농사지은 양식들을 제공했다./ 이 얼마나 갸륵한 일인가. 끊임없이 침략해 오는 왜군들을 상대로 전쟁을 하고, 또 군인들 먹을 양식까지 걱정하고 마련해야 하는 현실만 보아도 이 나라 꼴이 어떠했는가. 그는 나라를 사랑하는 애국자였고 그것을 진심의 눈으로 바라보지 못하는 꼴이었다"고 인식하고는, "마침내 나라를 위해 끝까지 장렬히 싸우다 이순신 장군이 총에 맞았다. 그는 숨이 끊어져 가면서, 내가 죽었다는 말을 하지 말고 끝까지 싸워라. 차츰 몽롱해져 가는 정신 속에서 나를 저 바다에 던져달라고 말하고 싶었으나 말이 나오지 않는다./ 차츰 의식은 희미해지고 이승을 바다 한가운데서 하직한다./ 그의 순수성과 속마음의 깊음이 조정과 하나 되지 못함을 안타까워 했으며 전쟁 중에 틈틈이 그의 내면을 글로써 표현했고, 난중일기, 시 등의 글을 남겼다. 그는 우리나라의 보물이며, 우리의 자랑스런 역사의 산증인이다./ 불굴의 정신과 진실한 마음과 부하를 사랑하고 바다의 물결을 이용하여 적을 바닷속으로 쳐 넣는 지혜롭고 자랑스런 우리나라의 큰 인물이었다. 이분은 고귀하고 용감하고 불의를 용납 못하는 지혜로운 위대한 우리나라 큰 인물이었으니 어찌 소홀히 넘길 수 있겠는가?/ 후손들이여, 이순신 장군을 본받자! 이 나라를 지키는 훌륭한 일꾼들이 되자!"라며 역설한다.

5. 나오면서

이상 옥경순 작가의 가족애가 담긴 작품들과 학문, 혹은 책과 관련한 글들을 몇 편 감상해 봤다. 만학의 어려움을 즐거움으로 승화시키고, 가족과 그에 얽힌 인간사에서 아픈 심성을 어루만지며 삶을 즐거움으로 인도하는 필력이 독자들에게 상당한 안정감을 주는 만큼 옥경순 작가의 수필집 《내 작은 숲속》이 보다 많은 사람들에게서 사랑을 듬뿍 받는 책으로서 대중의 입에 오래도록 회자 되길 기대해 본다.

내 작은 숲속

지은이 / 옥경순
발행인 / 김영란
발행처 / **한누리미디어**
디자인 / 지선숙

08303, 서울시 구로구 구로중앙로18길 40, 2층(구로동)
전화 / (02)379-4514, 379-4519
Fax / (02)379-4516
E-mail/hannury2003@daum.net

신고번호 / 제 25100-2016-000025호
신고연월일 / 2016. 4. 11
등록일 / 1993. 11. 4

초판발행일 / 2025년 12월 10일

ⓒ 2025 옥경순 Printed in KOREA

값 **15,000**원

※잘못된 책은 바꿔드립니다.
※저자와의 협약으로 인지는 생략합니다.

ISBN 978-89-7969-914-2 03810